Ronald Pohl · Kind aus Blau

Ronald Pohl

Kind aus Blau

Roman der Rückbildung.
Ein Miles-Davis-Brevier

Ritter Literatur

ISBN 978-3-85415-556-0

© 2017 Ritter Verlag, Klagenfurt und Graz
Lektorat: Paul Pechmann
Herstellung: Ritter, Klagenfurt

Das Blaulicht flackerte, als die Rettung meine Mum in die nächste Gebärklinik brachte. Den ganzen Tag über war ihr bereits türkis zumute gewesen. Selbst die Graureiher über East St. Louis gaben etwas von der Farbe des Himmels wieder. Und es war kein Zufall gewesen: Die Räder der blauen Rettungsautos drehten sich mit exakt achtundsiebzig Umläufen in der Minute. Als uns ein kleiner schwarzer Bub an der Straßenecke die Zunge herausstreckte, war sie brombeerfarben. Sie schien mir von sich eingenommen, aber so genau konnte ich das nicht sehen, ich steckte zu diesem Zeitpunkt im Geburtskanal fest wie das Würstchen im gar gekochten Hund. Mums Drüsen gaben ihren Senf dazu.

Die Rettung überfuhr vielleicht ein halbes Dutzend blauer Ampeln. Mit mir ging es bergab, es war höchste Eisenbahn. Die Stadt des Heiligen Ludwig liegt etwas östlich. Ich erinnere mich undeutlich des Wuchers, den die eingeborenen Pflanzen trieben. Als hätte jemand das ganze Grünzeug einfach so aus dem Ärmel geschüttelt. Da stand Schilfs Rohr neben der Eustachischen Röhre. Das Röhricht schwankte in stummer Erwartung des Rohrblattes, der Gingkobaum vertrat sich die Beine. Von den Kiefernästen hingen Injektionsnadeln, jede einzelne so dick wie der ausgestreckte Finger einer halben Portion. Dies alles musste mir im Nachhinein erzählt worden sein, denn ich hing ja von der Nabelschnur ab. In der liefen die Blutströme blau zusammen und versorgten mich mit ausreichend Atemluft für mein Gebläse. Was fange ich mit Zitzen an, wenn ich doch kein Mundstück zum Atemschöpfen habe.

In der Luft hing der abstoßende Geruch nach Bückling und verdorbenen Kerosinen. Ich war bereits Manns genug und beschloss, mit mir müsse es ein besseres Ende nehmen. Ich betrachtete die perlmuttfarbenen Tauben. Ich gewann Anschauungen, aus denen leitete ich meine unumstößlichen Prinzipien ab. Erstens, ich bin blauer als ihr alle zusammen! Meine Art Blau war aus dem Widerschein einer Pfütze gewonnen. Sie konnte das Blitzen eines welken Himmels im Spiegel eines Barbiers sein, der, mit sich selbst Aug' in Auge, sein Messer am Riemen abzieht. Das Blau, das ich meine, fiel nicht mal so eben vom Zwetschgenbaum herunter. Man musste es sich umständlich ausmalen, für seine Herstellung in vielen unterschiedlichen Töpfen rühren.

Man hielt mich klein, um mich in der Hinterhand zu behalten. Aber beginnen wir lieber von vorne: Ich kam in einer gewöhnlichen Geburtsklinik zur Welt, dabei wäre ich lieber aus allen Wolken gefallen. Ich war allem Anschein nach sonnig. Vor allem strahlte ich, was von der Schuhpaste abstach, die ich im Gesicht trug. Ich stand im Begriff, klar wurde ich aufgelesen.

Ein Piepmatz staunte Bauklötze. Ich hätte ihn gerne hochgehoben, um ihn an mich zu gewöhnen. Stattdessen nahm mich Bird in seine Hand. Ich war noch viel zu grün hinter den Ohren, um von Grund auf blau zu sein. Schon bald erreichte ich den East River, der in seiner ganzen Pracht verwelkt schien. Vor dem Eingang des Village Vanguard stand ein Kerl mit preußisch blauer Schirmkappe und hyacinthblauen Augen. Ich fragte ihn:
– Ist hier Birds Nest?
– Was geht's dich an, du Zwerg?
– Ich sei ein junger Piepmatz, der aus Birds Nest gefallen. Und dass ich unbedingt hinein müsse, ich hätte das dringend benötigte Horn beizubringen…
Ich musste vor Verlegenheit korallenblau angelaufen sein.

Im Village Vanguard fanden gerade umfangreiche Umbauten statt. Arbeiter im Blaumann errichteten mit ihrer bloßen Hände

Kraft modale Skalen. Die liefen sie unentwegt hinauf und hinunter, die Sechzehntel quollen nur so aus ihren Tuben. Milch der forschen Denkungsart floss in Strömen. Ich versuchte mich sofort einzumengen, aber da war sie auch schon vergossen. Ich strauchelte umgehend. An den Bebopbüschen gediehen dicke Sträuße Gladiolen. Die Posaunenzüge waren pünktlich, die Backenzähne hatten obendrein einen Stich ins Blaue

Und erst, als ich mich dazu herabließ: Charlie ähnelte einem dieser großmäuligen Riesenfische, wie sie für gewöhnlich im Süßwasser vorzukommen pflegen. Für einen Karpfen blau hatte er jedoch zu wenig Schuppen. Tatsächlich wurde er von der Atmosphäre im Village Vanguard durch und durch durch. Der blaue Dunst hing in langen Algen vom Plafond herab, Schalentiere krochen zum nächsten Korallenast. Es verlangte sie nach stark schmelzenden Getränken.

Bist du bereit, schnappte Charlie. Für einen Vogel hatte er ein entschieden zu großes Maul. Ich stellte das Horn in die Waagrechte. Der Gischt flog in Fetzen aus dem goldglänzenden Stutzen, sobald ich die Peristaltik betätigte. Die Rotkehlchen verstummten im Nu. Man schrieb die blaue Stunde: Ein Sack Flöhe wurde in den Trichter zurückgedrängt. Ich trug mein Horn wie ein knöchernes Angebinde. Andere hätten darauf gepfiffen. Der Besen eines Hinzugezogenen rührte die Felle zu Tränen. Die Standuhr wurde mit dem Bogen gestrichen und verschwand senkrecht aus dem Bild.

Die blaue Stunde näherte sich mit Riesenschritten, und ich wurde nicht und nicht älter. Ich maß gut und gerne drei Käse hoch. Schon aus Trotz lief ich dunkelblau an, um einen Mangel an Sauerstoff auszudrücken. Auf Zurufe reagierte ich hellhörig, überhaupt, wenn sie meiner Wenigkeit galten. Ich erwiderte sie, indem ich einmal scharf durchblies. Daraufhin löste sich aus der Röhre ein Ton und gehörte sofort der Allgemeinheit an. Ich machte mir umgehend einen Namen; die Streifen Asphalt gaben sich meinen Füßen hin, man hätte meinen können, sie ergäben zusammen achtundachtzig und wären insgesamt aus Elfenbein geschnitzt. So sah ich Menschen, die vor sich zylindrische Gefäße stehen hatten. In diese weinten sie, um die bernsteinfarbene Flüssigkeit in ihnen zum Überlaufen zu bringen. Diese Tätigkeit nahm eine geschlagene blaue Stunde in Anspruch. Die Verschlusskappen an den Laternen lächelten, der Wind zupfte an den bloßliegenden Gedärmen der Weiden. Am Mississippi streckten die Dampfboote die Füße ins Wasser, die Forsythien verzapften blühenden Unsinn, ein Kapitän mit goldenen Knöpfen lief dunkelblau an, sein Schiff aus Stanniolpapier hingegen aus. Am Pier von New Orleans stand der Lotse Armstrong: Allein durch die Macht seiner Grimassen lenkte er leckere Boote in sein weit aufgesperrtes Maul.

Um mich bemerkbar zu machen, schüttelte ich Flossen. Auf tausend Bücklinge kam ein aufrecht Stehender. Vater war Schuster: Er blieb bei seinen Kauleisten. Ich sah Priester und Freidenker, die vor lauter Zahnweh wimmerten. Dad trug die weiße Soutane eines Voodoo-Priesters, das Behandlungszimmer war mit Mahagonni verkleidet. Entzündungsherde flackerten auf niedriger Stufe. Ich nannte eine meiner ersten Platten folgerichtig „Kochend". In New York spürte ich, wie Taxis durch die Aorta gepumpt wurden. Blutkörperchen glitzerten in den Straßen, nur die Upper East Side litt zu gewissen Tageszeiten an Leukämie. Dad hatte mir scharf eingebläut: Ernähre dich redlich von Milch und frische dann und wann dein Blut auf. Lass jedoch die Finger von Lösungen, die auf erhitzten Löffeln um deine Aufmerksamkeit buhlen. Dad versprach, mir ansonsten die Zufuhr abzuschneiden. Ich sollte von unwohlschmeckenden Gerichten leben, so wie am jüngsten Tag. Heroin: Es gab eins auf die Löffel. Die Gaskocher sprangen von Rot auf Gelb, hernach auf Blau. Ich sah, was mit dem Vogel passierte, wenn er endlich am Drücker war. Er hüpfte auf dem Kies herum, als ob er das Geld nicht mit ehrlicher Leute Arbeit verdient gehabt hätte. Bird schmiss dann eine Runde und flog aus der Kurve. Wir klaubten ihn wieder zusammen und stellten ihn im Gedächtnis nach.

Die Posaunisten zählten mehrheitlich unter die Zugvögel. Sie übernachteten in Tunesien, oder sonnten sich im Mondlicht von Vermont. Sie reckten die Hälse und schlürften Sauerstoff aus Tulpen, in der Frühe, wenn die Münze am Himmel kupferrot aufquoll. Geflammter Rost ätzte ihre Kehlen, ihre Zungen schälten sich blau aus der Dunkelheit heraus.

Dad las den Zahnstein auf, den andere verbrochen hatten. Mum gab an uns Angehörige Heißgetränke weiter. Die Klinik hallte wider von den Schreien der Geschröpften. Stücke ihrer selbst blieben auf der Strecke, und Dad verpasste ihnen Wickel, die sie mit ihren Kauwerkzeugen hatten. Ich pfiff lieber aus dem letzten Loch. Ich schloss von den Lippen auf die Ventile, und die Luft bekam die Flatter. Ein Ring aus Messing zitterte unter der Gewalt der Zufuhr. Ich setzte ihm nur umso heftiger zu. Prompt war mir etwas entgangen. Ich verglich die Mundblasstücke mit den Hydranten im Französischen Quartier. Der Mund bildete einen Hafen, in dem Frachter wie die „Satchmo" vor Anker lagen. Die Spucke bildete Fäden, an denen die Webschiffchen vor Anspannung zitterten. Tommy Dorsey und andere Leichtmatrosen warfen vor Begeisterung ihre Mützen in die Luft. Letztere vibrierte und schimmerte türkis wie Benzin. Ich folgte einer inneren Eingebung und ließ es züngeln. So erlebte ich ausgerechnet zu Pfingsten mein blaues Wunder.

Der Rest ist schneller erzählt als getan. Da es mit dem Erzählen nicht getan ist, kroch ich in den Großen Apfel und spickte mir Hälse mit Fähnchen von den Blättern. Die zeichneten sich durch geradlinige Strichmuster aus. Darauf saßen Dompfaffen und Prälaten. Die dicksten unter ihnen hatten einen leeren Wanst. Meist kam ihnen ein Fliegenschiss hinterher. Manches Mal hing die Reihe der Erwürgten geradewegs in den Keller hinunter, dorthin, wo die eigentliche Musik spielt. In diesem Quartier leisten Hilfslinien gute Dienste. Man jagt die Delinquenten die Tonleitern hinauf und hinunter, ehe man sie an der erstbesten Taktart aufknüpft. Ich schnitt also die kugelrunden Kerle von den Stricken herunter, um sie eingehender betrachten zu können. In jedem erkannte ich den dienstfertigen Gesellen wieder, der sonst in meinem Horn zur Untermiete wohnte. Ich brauchte nur die entsprechende Klappe zu öffnen, schon sprangen sie, aber eher wie Schüsseln aus Steingut. Jeder einzelne trug einen Buchstaben als Namen. Seine Stellung ergab sich. Ich ging dazu über, Trübsal zu blasen. Ich träumte nämlich von einer vorsichtigen Öffnung.

Die Scheinwerfer liefen an wie Schlittenhunde und sprangen einander an die Gurgel. Ich wollte selbst eine Leuchte sein. Was sollten mich die Schutzmänner mit ihren anschwellenden Pfeiftönen lehren? Ich sammelte Rabbiner um mich und sagte, ich bemühe mich, der Kühle auf die Welt zu helfen. Wir trugen Blaumänner und kletterten auf Gerüste. Diese hatte ich eigenhändig aus dem Boden der Tonalität gestampft. Wir stiegen also herum und zogen aus heiterem Himmel Querverbindungen.

Jemand hänselte mich wegen meiner kanariengelben Schuhe. Sofort behandelte ich sie von oben herab. Sie dankten es mir mit einem durchdringenden Blau. Auf den Druckstellen kamen Orgelpunkte zu liegen. Wir kassierten die ersten Schlagzeilen.

Die wichtigsten Botenstoffe verschwanden in der Fahrtrichtung der Überlandbusse. Grauhunde wedelten mit Rauchschweifen, die sie sich entgehen ließen. An anderen Punkten musste man uns übersetzen, ansonsten ließ man uns sprachlos zurück. Wir reckten die Hälse bis zum zweigestrichenen c. Von dort oben erblickten wir Zwetschgenbäume. Jeder trug schwer an der Last seiner Pflaumen, viele Äste gaben sich schließlich geschlagen, oder brachen ab wie Glas, sobald die Eiseskälte ihr Scherflein dazugab. Die Spechte klopften wie Metronome.

Kreuze und Verkehrsknoten gaben mir einiges aufzulösen, und das nicht erst auf der oberen Ostseite. Mitten im ärgsten Gedränge entdeckte ich Theophilus Mönch. Sein Hütchen hüpfte über die Ansammlung des Menschenmeeres und bekam Oberwasssr. Dabei hauste jemand wie Mönch meist kellergeschossig. Er lief im Schutz der Dunkelheit blau an, und dann über. Seine Hände ergingen sich häufig in der Herstellung von Trieben und Fortsätzen. Dazu vollführte er eine Art Rundtanz, der ihn in die entlegensten Gebiete der Vereinigten Staaten führte. Als sein glattes Gegenteil galt der Klavierspieler Gesäß-Gut, dem sein Aufbegehren freilich nicht besonders gut bekam. Polizisten mit Händen, groß wie Abortdeckel, bekamen ihn zu fassen. Sie vergingen sich an seiner Kleidung, indem sie ihn am Schlafittchen packten. Es war nicht zu fassen. Offenbar weil sie dachten, er würde den Mississippi vermessen, leiteten sie Strom durch seinen Körper. Er reagierte aufgebracht wie ein Schmugglerschiff. Bereits nach der Einleitung zeigte sich Gesäß-Gut erschüttert. Er sah Sterne, wie wir anderen Flocken, oder wie wir rosige Aussichten haben. Seine Hände nahmen die Farbe von Zwetschgenkompott an. Er vergaß daraufhin die einfachsten Überleitungen. Gesäß-Gut war zart besaitet, doch sie schlugen nach ihm mit Hämmerchen, die sie sich anschließend dämpfen ließen.

Philly Joe dagegen war ein echter Drückeberger. Er fegte mit dem Besen Häute, die andere für ihn aufgespannt hatten. Er wirbelte herum, auch wenn er weiter geradeaus sah. Er verkrachte sich regelmäßig mit den Becken in Kopfhöhe. Kaum waren wir auf der Bühne, zischten sie uns aus. Seine Stöcke fasste er überhaupt nur mit Samthandschuhen an. Die Zwerchfelle hoben und senkten sich regelmäßig. Ich pflanzte Taktstöcke in das Pflaster. Die Katzen grinsten blausäuerlich, die blaue Milch der Frühe, wir schlabberten sie morgens, mittags wie abends in unseren Hotelzimmern. Dort knackten die Rippen der Heizkörper. Die Wände mit den Tapetenmustern begannen sich zu verdünnisieren. Wir bewohnten echte Vorhängeschlösser. Dazu mussten wir die Feuerleitern hochsteigen. Ihre Sprossen bildeten Zahlenwerte, die wir sorgfältig in unsere Gitter eintrugen. Nun hatten wir Skalen, die wir auf- und absteigen konnten, ohne in die Luft zu gehen oder einen Abfall haben zu müssen.

Doch damals trugen wir Schwarze die Blaue Blume im Gesicht. Niemand stellte mit uns ein Federlesens an; am wenigsten die Tauben, die uns doch wenigstens Gehör hätten schenken können. Wir kehrten mit Veilchen zurück. Andere trugen Schlingen um den Hals, oder sie gerieten in Abhängigkeit. Die Menschen in West-Jungfrauenland hießen uns Schwarze niedersetzen, indem wir ihnen aus den Augen gingen. Kam ihr Jungfräulichster auf uns – oder auf unsereinen zu, so hatte sich dieser augenblicklich zu erheben, ohne aufzubegehren. Wer sich querstellte, wurde an den Knöcheln gepackt und verladen. Umgehend wurde der Freiraum eingeschränkt. Sogar den Jüngsten wurde ebenhölzern zumute. Sie bildeten fremdartige Früchtchen an Bäumen, die nicht für ihresgleichen vorgesehen waren. Sie schaukelten als Lasten im Wind, oder wurden anderweitig bewegt. Mit heiler Haut kam nicht der Schwärzeste unter ihnen davon. Andere wieder sattelten um, oder gingen aus freien Stücken in die Luft. Unsereiner stand in dem Geruch, kühl zu sein. Wir wandelten den ganzen Süden ab. „Plantage" wurde in den Kalendern schwarz angestrichen. Manche von uns blieben auf offener Strecke verhaftet. Wir wechselten heimlich Zeichen des Einverständnisses und bekundeten Neigungen mit den Köpfen. Vor allem aber bildeten wir Blaupausen. Knöpfe blieben bei ihren Leisten, während wir und unseresgleichen immer öfter die Tonart wechselten.

Bald schon litt meine Trompete an Verstopfung. Ihrem Trichter entwich ein Winseln wie von Katzen, die um den heißen Brei herumschleichen. Ärzte, die ich hinzuzog, schlugen die Hände zusammen, als ob sie mir Beifall spenden wollten. Vor allem mein Umgang mit Löffel und Brenner war ihnen ein Dorn. Um die Adern meines Armes zog sich eine Blindschleiche zusammen, sooft ich vor Wut auch nur kochte. Ich zog die Nadel auf und trieb, was sie von sich gab, vorübergehend auf die Spitze. Der Überlauf floss ab, und ich hatte meine Ruhe. Die Ströme flossen nunmehr kontrollierter durch ihre Betten. Die Substanzen schimmerten wie poliertes Messing. Das Zweigicht winkte mit blauen Taschentüchern zu uns Flussschiffern herüber. Knöterich spreizte seine Finger auseinander, und man sah Ansichten in den Nagelbetten liegen, wo sie sich wegen eines Einfalls der Sonne allmählich entzündeten. Das Haar der Weiden hing in langen Tapetenbahnen in das nüchtern bewegte Wasser. Anlegestege überkreuzten die Finger, und einige Dampfer hatten ein Rad ab. Ich hörte die Sträucher singen, ich bewunderte diesen Ausdruck ihres unbedingten Baumseinwollens. Die komischsten Käuze schrien, oder trafen wenigstens Anstalten, in denen sie vorübergehend wohnten.

Ich malte mir die ufernahen Häuser aus, zu denen ich einen Bezug herstellte. Ich hauste in allen von ihnen gleichzeitig und stellte mir vor, ich würde das Kind schon schaukeln. Haares Oberfläche kräuselte sich, und die Mädchen flochten Hefezöpfe hinein. Sechzehntaktig schossen wir die Strömung dahin, die alten Leierkästen versanken in den Strudeln. Da wurde es wiederum blau, und selbst das Messing strahlte mit dem Himmel um die Wette. Die Bläue sprang mich geradewegs an und strahlte, wie um dunklere Regungen zu verbergen (kein Wunder, dass Umstehende grün und blau anliefen). Die Flüsse freilich drohten aus den Betten zu fallen wie fieberkranke Patienten. Einige von ihnen köchelten auf niedriger Temperatur. Die Sonne verschränkt über Massachusetts die Finger, schiebt ihre fettigen Griffel in die Wolkenfutterale. Das eingestrichene c strahlt mit der Sonne zum Vergleich. Bald schon ging ich nicht aus mir heraus, sondern aus ihr; kam nicht vom Dunstfleck. Sie sprang für mich ein, warf glitzerndes Fersengeld auf den Tresen: die Uferbank am Mississippi. In dieser knirschen die Schotter und der Zaster um die Wette, erste Strophe, zweite, dann die Brücke. Ich beeilte mich hinüberzukommen, und in dieser Tonart ging es weiter.

Der breite Strom der Jazzmusik mag in der Tat dunkelblau geschillert haben. Ich wünschte ihn den Hörern an den Hals, bis dorthin stand ihnen nämlich ohnehin das Wasser. Charlie Parker war der Turm in der Schlacht, er hatte eine Fahne. Er spannte Ketten aus Sechzehnteln über den Engpass des Flusses, dann wieder schüttete er sich aus. Lachen überlief seinen Mund wie ein Schauer. Allmählich wechselte das Pech, das wir hatten, mit einzelnen Aufhellungen. Wir machten uns anheischig, die Tontrauben von den Eichen Kaliforniens zu pflücken. Schimmernde Kisten standen in den benachbarten Einfahrten, und wir ruhten aus, indem wir die Hälse der Noten in der Mitte abbrachen und in die Futterale steckten. Die Züge nicht nur an den Posaunen waren überfüllt und wurden streng im Takt geführt; einigen hingen die Themen zum Hals heraus, die fuhren ungeradetaktig. An den Anlegestellen großer Bahnhof: Geltungsbereiche wurden im Quintenzirkel rasch abgesteckt. Daraufhin traten Eisenhauer auf den Plan. Lampionfrüchte dienten als solide Unterlage, während die Oberen begrüßende Worte sprachen. Karossen rauschten den Pfad der Sonnensetzung hinunter, wir legten einen Gang rückwärts ein und brachten so die Kokosnüsse auf die Palme.

Ich bin abgeschweift. Meist verhielten wir im Einzugsgebiet der Großen Flüsse. Dieses nannten wir „Städte" und schrieben ihm die Eigenschaft des Wolkenkratzens zu. Die Tuchenten waren bis zum Bersten gefüllt. Sie entließen schweres Wasser, das aufgrund seines Gewichts geradewegs auf den Asphalt schlug. Dort bildete es Pfützen, jedoch keine zu lesende Schrift. Ich versuchte, wenigstens das Blaue vom Himmel herunter zu lügen. Ich bildete fünfköpfige Gebilde, die reichten höher und gingen mir bald über die Hutschnur. Mein einer Bläser spannte ganze Leintücher aus ganzzahligen Abständen. Wer da nicht mithalten konnte, fiel in die tiefe Grube. Der saß hinter speckglänzenden Gardinen und kochte die Ausschwitzung auf Sparflamme. Draußen standen die Wassertürme auf Stelzen, und die Wetterhähne zerrissen sich das Maul. Nach innen zu herrschte eine unbegreifliche Süßigkeit. Unsere Nägel glänzten, und wir hängten an sie Bilder aus reinem Indigo.

Ich werde mich kürzer fassen. Mein Eintritt in den Fluss der Überlieferung löste wahre Schockwellen der Bestürzung aus. Die Brandungen wurden von den Hörern als Pfingstwunder erlebt. Wir hörten blaues Gras wachsen. Die Grauhunde auf den Hochwegen wurden auf Durchzug gestellt. Mich elektrisierte der Anblick von Umspannwerken, und ich spürte, wie der Strom ganz ohne Zutun in die Fingerspitzen sprang. Ich erklomm den

Blitzableiter. Meine boppenden Freunde hatten das Nachsehen (sie boppten auf, wie um ihre Kelche darzutun). Ich stellte eine immer entschlossenere Miene zur Schau. Jeder Anflug eines Bartes glitt von ihr ab. Wir fuhren damit fort, loszufließen, und legten an jeder Raststätte eine Blaupause ein.

Städte aus flüssigem Glas lagen zu unseren Füßen (einige ihrer Fenster sahen betreten drein). Einige dieser baulichen Emporkömmlinge waren in Hüllkurven aus Wind gebettet und schlossen Gänge und Stollen ein. In diesen herrschte allgemein Flaute. Ich empfahl, zuzuwarten, bis die Clubbesitzer endlich ihre Lauscher aufgestellt hätten. Wir brachten die Hörner zur Weißglut, jedes war zum Ende hin eine Verheißung. Wir genossen die Früchte der Trompetensträucher. Einige der finstersten Beeren wurden eingelegt. Der Hütten-Sohn-Fluss erstrahlte, er nahm Umrisse an, als lebte er unter falschem Namen weiter. Er grinste über beide Backen, über seine Wangen lief blaues Kompott.

Üblicherweise ist es ausgeschlossen, Blaulicht in unsere Hütten einfallen zu sehen. Eher schon verfinstern sich meine Angehörigen wie Mienen. Meistens umspielt ein Lächeln ihre Züge, die bis auf den letzten Platz besetzt sind. Gerade solche, die mir nahe standen, wurden häufig Trittbrettfahrer. Die meisten waren eben Holz. Die Farbe Blau stand ihnen nur ausnahmsweise zu Gesicht. Häufiger kochten sie vor Wut über. Der Schaum überlief sie wie eine Barrikade. Andere hatten die Katze im Sack, die sich als Knüppel entpuppte. Dann tanzte sie auf den Rücken herum, die vom vielen Baumwollpflücken geknickt waren. Von Mund zu Mund ging das Lied der Überlieferung, wie ein saurer Drop. Alles das hatte eine gewisse Stimmigkeit: Die Gefäße, in denen sie ihre Eindrücke sammelten, wanderten weiter reihum und landeten irgendwann auf den Plattentellern. Tonnen von Kautschuk flossen in die Presswerke, und Hebammen standen vor den Händlern Schlange. Die Stimmen erhoben sich und standen bald den Gebirgszügen in nichts nach. Die Nasen rannen, andere Glocken gingen ins Ohr.

Und da trat ich auf den Plan. Mir wurde Stille nachgesagt mitten unter spazierenden Bässen. Sobald ich das Horn erhob, brach ich in Schweigen aus. Ich konnte die Kondensmilch aus den Poren austreten sehen. Zugleich durchgeistigte sich mein Blick, als ob ich mit einem Schlag erfasst hätte, wie es drinnen in Onkel Toms Hütte aussieht. Oft lagen drei, vier Tonarten auf einmal miteinander im Bett. Rührung überkam den Besen, der den Saustall doch eigentlich hätte ausräumen sollen. Die Vorarbeiter (ts, as, tb) pfiffen sich nichts. Ich verdoppelte meine Anstrengung und ließ noch mehr Töne weg. Jedes Ohr wurde gezwungen, in den Zwischenräumen auszuharren. Die Bebopper waren gefesselt, armer Leute Kinder wurden von mir überzeugt. Ich besuchte sie in ihren Hütten, und brachte doch auch Friede den Palästen. Baumwollene Kätzchen umschmeichelten meine Schultern. Ich hatte sie vorher zum Schneider getragen, der ihnen den Geduldsfaden riss. Bald schon schlüpfte ich in meine Garnrolle. Die Reise ging nach Westen, der Wind blies nach Noten. Wieder die Hohlwege, Busfahrer, die Autobahnkreuze schlugen, hinein in den lehmigen Grund. Mir lagen die Meldezettel auf der Zunge, die mittleren Westen, einzelne Glieder, die ich mir vorknöpfte (Utah bildete das Salz in der Suppe). Es waren Überlandstrecken, die ich mir ankreidete. Wir kamen auf Hosenböden zu sitzen. Vor uns saß der Mississippi, sinnbildlich für uns, im Delta und streckte die Läufe von sich. Er hätte gut und gerne auch die schlechten Säfte abführen können. So waren die weißen Körperchen obenauf. Sie bildeten Zusammenschlüsse, für unsereinen blieben wieder einmal nur die Hintereingänge, oder wir stimmten Wechselgesänge an, die reihum liefen wie fälschliches Geld. Selbst die ungeschlachten unter den

Menschen banden sich Schürzen um; Körbe, die gegeben wurden, fingen an zu stottern, selbstredend. Andere Verbindungen liefen wie am Schnürchen. Die Städte rauschten an uns vorüber. Manche von ihnen waren abgebrannt wie unsereiner, oder liefen aus dem Ruder. Wir wurden in Busse verfrachtet, wo wir an uns hielten, indem wir uns in den Schlaufen verfingen, die über uns baumelten: jede von ihnen eine komische Frucht, die am Knauf eine Manschette trug. Die Scheinwerfer der Grauhunde leuchteten uns heim, die Telegrafenmasten schnurrten. Die Steaks in den Pfannen schrumpften, es wurde sogar der Hund in der Pfanne verrückt, oder er schlug an wie das Pochen in den Schläfen. Uns bevölkerten Zweifel, ob die weißen Farmer es erdulden würden, die Harmonik wechseln zu sehen. Ein halber Tonschritt verändert oft die ganze Gesinnung. Er äußerte sich im gegenständlichen Fall. Einige unserer Kühnsten warfen die Ketten von den Fesseln, oder hoben diese eigens hervor. Unsere Brüder und Schwestern kamen blau angelaufen, und der erstbeste Halswirbel wurde geschlagen. Ein Knacks durchlief die Ahnenreihen, die Befehlskette wurde durchgestreckt, wodurch ein Aufschrei durch Rückenmark und Bein ging. Die Aufseher in den Feldern erhielten prompt die Quittung. Man knüpfte sie ihrerseits an die Vorsteher an. Was fielen uns nicht Kätzchen in die Flechtwerke. Die Hände waren flink, die Gesinnungen hinkten ihnen hinterher, wie immer, wenn Vorurteile im Spiel sind. Die Stärksten von uns wurden Wagen vorgespannt, oder sie folgten Antrieben, die nicht ihre eigenen waren. Manche saßen in der blauen Stunde vor ihrer Hütte. Sie beobachteten die Sonne beim Vorüberrollen und gaben sie an das Himmelbett verloren. Der Lichtball hinterließ blaue Abdrücke in der Gegend der Wahrnehmung.

Jede meiner Skalen ist ein Fingerabdruck in den Schlangengruben des Straßenpflasters. Der Hüttensohn zieht sich in

Niederungen zurück, die ihn ausmachen. Wir bestritten Rundreisen mit Flugmaschinen, die man aus der Mottenkiste geholt hatte. Ich und meine Katzen konnten endlich bei jemandem landen. Unsere Rollen waren uns auf den Leib geschnitten und lagen an. Ich allein verschliss ein Paar sauberer Hemden, und selbst meine Knöpfe waren aus Horn. Andere verzichteten auf so viel gute Stimmung und ließen lieber die Muskeln spielen.

Die Bei-den und die beiden, und andere schließlich wieder bei denen. Ich schloss rasch Bekanntschaft mit Kreuzen und Erniedrigungen. Vor allem mit den Molligen war es ein Kreuz. Wir schwammen nach Noten, fast, als hätten sie uns abgehängt. Dabei ließen nur die Noten die Köpfe hängen, als hätte jemand verkehrt herum mit ihnen gezahlt. Wir zogen los und mussten buchstäblich mit allem rechnen. Die Noten waren fallweise oberste, Major und meiner. Sie brüllten wie am Spieß, jeder einzelne köchelte und schwang und lief in die jeweils neu gewählte Harmonie über. Mein Name – als der eines Hürnernen – wurde in Zeitschriften geschmuggelt. Von dort stieg er aus dem Vermischten auf wie ein Stern. Mein Einschlag, der ein Einstand war, hinterließ Narben. Ich zerteilte mich in Unzählige, die alle nur ein Band locker miteinander vereinte. Von allen, die in Frage kamen, bildete ich den schönsten und wildesten. Ich schere mich um mein Kammgarn, genauso, wie man mich für meine Vielfältigkeit bewunderte. Weiße Frauen gerieten in die Sogwirkung meiner Ärmel. Ich stopfte die Trompete, andere die Ohren, und so überhörten sie das Läuten der Hochzeitsglocken, welche beifällig nickten, um das Werk der Fortpflanzung gutzuheißen, zu welchem ich meinesgleichen anstiftete. Doch in Kentucky oder Louisiana verlief es anders herum. Freier, die doch eigentlich unfreier waren als gewöhnliche Bräutigame, beguckten sich die Radieschen von unten. Sie gewannen Land, indem Männer mit Kapuzen ihnen nicht aufhalfen, sondern sie auf halbem Wege abbogen und niederbrachten. Einige erhoben sie in die höheren Stände, indem sie die Finger ineinander verschränkten. Dadurch ergaben sich Stufenfolgen, die an verminderte Akkorde erinnerten. Ich schlug vor, die Tontrauben zu ernten, so lange die Schallwellen sie nicht mit sich forttrugen. Manche pressten sie, bis sie afroamerikanischen Schweiß abzusondern begannen, der sie buchstäblich aus den Nähten platzen ließ. Wir wurden Zeugen von Präsidentschaftsreden, die unsere Baumwollkleider übergossen. Unsere Heißsporne zündeten sie an. Das Reisig knisterte und senkte uns das Fernweh ins Blut. Der Klatschmohn blühte, den Aufsehern kamen die Hände aus, die Maulschellen rasselten, während die weniger Zartbesaiteten mit den Zähnen knirschten. Satchmos Augen machten rasch ein paar Rollen vorwärts, und so überschlugen sich die Ereignisse.

Französische Kapellen wurden abgerissen, blauweißrote Zettel vom Jazzkalender, die man der Einfachheit halber mit Kirchen gleichgesetzt hatte, wohl weil sie so hervorragend waren. Maultrommler wurden zu Helden, oder brachten das Blitzen der Zähne anderweitig scharf zur Geltung. Mützen mit Kokarden flogen gen Himmel. Sie bildeten Abrisse der Bewölkung, sobald sie sich wieder herunterbequemten und in den Pfützen aufschlugen. Die Walzen in den Klavieren drehten sich wie am Spieß, die Rollen blieben an ihren Stiften und Zähnen erkenntlich, oder sie büßten Lücken in der Musik der anderen. Hämmer schlugen wie von Geisterhand bewegt, ihr Filz schmeichelte den messingblauen Saiten, die jemand aufgezogen hatte, wie um sich an ihnen zu belustigen. Die sirrte von der anderen nur einen Schnursprung entfernt. Selbst eingefleischte Ausbeuter, die ihren Sklaven Zeichen einbrannten, wurden durch Anklänge an das Saitenspiel weich gestimmt. Das hinderte sie nicht, andere Saiten aufzuziehen, sobald sie Erfordernis verspürten, etwa weil die Yankees im Anzug waren. Den nannte alle Welt

„Blaujacke". Zwetschgenblaue Lieutenants minnten Töchter von Plantagenbesitzern, solche, die ihnen gewachsen waren und hervorstachen, weil sie Bohnenstangen waren. Wieder guckten wir Schwarze in die Röhre, und sei es, weil wir Rohrzucker knickten, als ob Schilf er wäre. Manche brachen mittlinks entzwei oder wurden in Klaftern geschlichtet, worauf sich ein Freudenfeuer von selbst entzündete, das unsere Felder in etwas Kümmerliches verwandelte, wovon niemand essen wollte. Was blieb unsereinem also anderes übrig, als den Hof zu machen? Ich wurde am Riemen gerissen, so gut jemand anderer konnte. Ich hatte meinen Sonntagsstaat vorsorglich angelegt, doch maß er kaum die erforderlichen Dezimeter. Manchmal löste sich ein einzelner Schweißtropfen und glitt als Fährboot durch den Ärmelkanal. Überhaupt brannte die Sonne und brachte den Rübenzucker zum Kochen. Die Missen trugen Ringellocken, die sie faustdick hinter den Ohren hatten. Eine, die Betty hieß, hatte es mir angetan, also mir zuliebe ein schmutziges Kleid aus reiner Seide angezogen. Darin glich sie dem jungen Morgen. Ich legte mich ins Zeug, um sie zu befreien; ich war ihr freier als jemand anderer. Sie lachte über beide Ohren, überhaupt war sie sehr gerissen und holte eine Zahnreihe aus der Versenkung, um bei mir Eindruck zu schinden. Wir wechselten Ringe, wie andere die Wäsche. Büchsen rissen sich zusammen. Wir hielten sie am Faden, der unserem Auto hinterherstob wie ein Schatten. Die Fahrt ging ins Blaue, ich unterstellte uns obendrein einen Kinderwunsch.

Doch die Vereinbarung hielt nicht, was sie verspochen hatte. Betty war, sooft ich fort musste, eine ausgesprochene Hinterbänklerin. Sie hielt auf dem Rücksitz Hof und war dann obenauf. Sie hatte ihre alten Fesseln gegen eine Halskette von einigen Karat eingetauscht, doch sie entschlug sich immer entschiedener des gegebenen Treueversprechens. Flog ich nach Paris, musste ich sie unserem Appartement überlassen. Darin litt es sie nicht länger, als bis ich am Flughafen war. Die Abendlichter funkelten wie ein Diamantencollier, der Mond kippte ihr obendrein etwas Seifenlauge vor die Füße. Andere Bewerber kamen auf der Bouillon dahergeschwommen, deren ich derweil an der Seine genoss. Jedem die seine, dachte ich verbittert, umso mehr, als es ja die meine war, die sich anderweitig umtat, und nicht die Seine. Ich für meinen Teil hielt mich schadlos, so gut es eben ging. So bekam ich es mit der Verkleinerungsform einer Julia zu tun. Sie lautete auf den Namen eines Malers, der die Inbrunst des Glaubens in Schreckensfarben darzustellen verstand. Gegenstände wie der Eiffelturm leuchteten mir unmittelbar ein. Er schien dem Boden entsprungen wie ein schnell wachsendes Gemüse. Die Boulevards waren großzügig ausgelegt wie bedeutende Summen. In der Zwischenzeit wurde es mir von Betty heimgezahlt, dadurch, dass sie mir Hörner aufsetzte. Ich betrieb nun meine eigene Fünfschaft, die selbst schon zwei Hörner umfasste, dazu kam von jetzt ab ein weiteres Paar. Mit dem jüngsten Gericht ist es eben nicht wie mit Wein: Rache muss man kalt genießen.

Ich schüttelte Betty vor dem Gebrauch, den andere von ihr machten, wovon ich aber nur über Ecken erfuhr. Sie gab sich in meine Hand, das hieß: Sie reichte ihre empfänglichen Teile an mich weiter. Ich rastete aus, ohne deshalb schon auf der faulen Haut zu liegen. Ich versuchte, mich auf die Juwelen zurückzubesinnen, die ich ihr ausgehändigt hatte. Ich lief über wie ein Gefäß, weil ich nicht mehr imstande war, den Rand zu halten. Meine Stimmung sank in den Keller wie eine ungedeckte Währung. Betty hatte sich eine Blöße gegeben: Ich fand am Grund des gemeinsamen Autos einen von ihr gebrauchten Schlüpfer. Sie trug Strümpfe, während ich für die Ohrwürmer sorgte. Sie stand mir Rede und Antwort, und warum? Weil er jemandem in ihrem Beisein gestanden war. Sie war geständig. Es reichte mir, und ihr hatte er bis zum Hals gereicht. Sie hatte es dicke gehabt, und mir war einer ausgekommen, wenn auch bloß in Gestalt meiner Rechten. Meine Wut stand in keinem nervösen Verhältnis, am wenigsten zu ihresgleichen. Ich sah mich, gleichsam mit anderen Augen, vor vollendete Tatsachen gestellt. Ich wurde gegen sie handgemein, wie gegen einen gewöhnlichen Ruhestörer. Ich packte sie an den Handgelenken und machte von ihr ein Aufhebens. Es überlief mich kalt, als wäre ich eine nicht besonders hohe Barrikade. Ich schüttelte mich und beutelte so die Flöhe des Argwohns herunter. Ich lenkte meinen ganzen Zorn in die neue Überblastechnik. Ich las die Leviten, wie andere meine Partituren. Mein damaliger Ventilbläser nannte sich kalter Zug, wenigstens sinngemäß. Er zog über meine kalte Wut wahre Leintücher aus Tönen. Er schien zu allem entschlossen, doch war er um die Mitte herum etwas weich. Hörer entdeckten in seinem Gegrunze sehr viel Löbliches. Kalter Zug schüttete sich vor uns aus; er steckte die Töne so ineinander, als bildeten sie eine etwas längliche Ausstülpung. Diese gebrauchte er als natürlichen Fortsatz, mit dem er die vorab festgelegte Begrenzung aufhob. Die Tage und Nächte mit ihm bildeten beidseitig beschriebene Blätter. Deren Lektüre gab Rätsel auf. Die steckten im Kuvert eines Saxofons. Es starrte vor Messing und war von dort an, nach oben zu, hellauf begeistert.

Es gab nichts zu meckern. Coltrane nahm den A-Zug wie das Inhalat einer frisch entzündeten Zigarette. Ich empfing das Licht eines noch jungen Tages! Der glich einem Mikrofon, denn er stand mir deutlich vor Augen. Doch schließlich musste ich mich nach dem Verbleib so vieler Löffel erkundigen, die unter der Hand – die ihm durchaus anhaftete – verschwanden. Die Hand war Teil seines Gehörs, nicht so die Löffel. Dennoch stellten viele die Löffel auf, wenn sie hörig waren. Auch ich war Betty hörig, wenngleich ich ihren Versicherungen keinen Glauben schenkte. Dabei klangen sie lauter, jedoch nicht so laut, wie es sich gehört hätte. Die Hand stand zu ihr in keinem guten Verhältnis, auch wenn ich sie ihr mein Leben lang gereicht hätte. Es reichte mir auch so, und ich setzte und Betty und kalten Zug kurzerhand auf die Straße. Meine Handballen waren zwetschgenblau verfärbt, und ich kühlte sie im Rinnstein, wo die Blaue Milch der Frühe dahinschoss wie ein Projektil. Ich war mutterseelenallein, schoss es mir durch den Kopf. Ich erlebte wunder was.

Aber die Töne hielten nicht vor, und ich stellte kalten Zug wieder ein, wie andere das Rauchen. Es reichte mir, also reichte ich Betty an andere weiter. Sie ging reihum, als ob sie ansteckend wäre, eine Nadel vor dem Lincoln Memorial. Es brach die Radiophonie an, Nadeln hüpften und spannen das Garn des Jazz. Die Röcke wurden kürzer und verminderten die Akkorde. Schallplatten knisterten wie Seide. Ich sah Kraniche, die das Tintenblau des Himmels in ihre Federn leiteten. Das Vinyl entstammte den Presswerken. Die schwarzen Frauen pressten unausgesetzt und schenkten sich Kinder, die einander den Rang abliefen. Ich hatte mir Kinder von jeher geschenkt. Ich entdeckte sie weiter zwischen den Zeilen, in den Fortpflanzungen der Baumwollfelder. Ich schloss mit Betty kein Abkommen, daher auch keine Abkömmlinge. Sprösse schienen mir wie Holme zwischen Leitern; sie verbanden wie ein Händedruck die Gegenstände und bewahrten sie vor dem Auseinanderfall. Ich selbst verjüngte mich zusehends, wie unter dem Einfall eines Blickes. Ich trat an die bezeichnende Stelle, wo sich der Adamsapfel hob und senkte. Philly Jo schlug dazu das Becken, als wollte er es zu besonderer Gebärfreudigkeit ermuntern. Die anderen spielten ihren Stiefel zusammen, und auch so wurde ein Schuh daraus, oder eigentlich ein Überzieher.

An wieder anderen Stellen traten bläuliche Erhebungen auf. Die Martinshörner erhoben ein Kreischen und drehten halbe Kugeln um die Quellen des Lichts. Blicke wurden wie Kiesel hinab in die Häuserschluchten geworfen, sie durchschlugen den Asphalt und waren schließlich niedergeschlagen. Ich sagte: „He Mann, bleiben wir auf der Höhe der Einsicht!" – „Bist du blau?", wagte einer zu antworten. Ich feuerte ihn, und zwar: „Ab!", wie eine Büchse ohne besondere Streuung. Überhaupt zog ich jetzt öfter um die Häuser, sogar die Schlussstriche bildeten neunziggrädige Winkel. Wir fanden öfter Aufnahme, aber nicht, als uns lieb war, sondern wir lieferten Aufnahmen, die andere fanden, und zwar kühl. Unsere Platten standen in gar keinem Verhältnis, mochte man sie noch so oft abtasten. Manche fanden sie auch nur zum Wiehern, oder wechselten beim Abtasten Körpersäfte, indem sie diese zum Vorschein brachten, als handelte es sich um schlechte Eigenschaften. Ich kenne Leute, die fanden sie zum Kotzen, noch ehe sie auch nur einen Blick darauf geworfen hatten.

Ich trat in ewige Vergleichungen. Man gab mir schmale Hemden zum Vorbild, die ich abtat, um sie auf einen Berg Wäsche zu werfen. Die Fachmagazine waren listenreich, und die Abstände wurden immer knapper. Bis ich die Betten, die in unseren Hotelzimmern standen, überzogen hatte, waren sie längst in ihr Dunkel zurückgefallen. Von daher waren sie um ein Geringes höher einzuschätzen als gewöhnliche Musiktruhen. Wieder zog ich mir blaue Flecken zu, oder ich stellte mich mir vor, wie unter der Bedeckung eines Himmels. Unter der Sonne des Südens schufteten Pflücker und die sie bewachenden Farbbeutel. Unsere Musik lockte arme Tröpfe aus ihren Achselhöhlen. Meine Einnahmen schmolzen wie Fettklumpen in einer beschichteten Pfanne. Einnahmen betrafen Städte zwischen Arkansas und Wisconsin. Der Dampf entfuhr Kühlern, als ich es bin; mein

Vermögen löste sich in Luft auf, und ich musste mir meine Einsilbigkeit erst mühsam wieder zusammenreimen.

Eines Abends, vor Antritt eines Besuchs, hörte ich Gesang, es waren Jünglinge im Feuerofen. Es standen einem die Haare zu Berge, als hätten sie dort niemals eine einzige Wurzel geschlagen, sondern bekannten aus sich heraus eine Neigung. Die Gesangsspitzen waren trotzdem Gipfelleistungen, oder standen diesen wenigstens nahe. Das Leid löste sich aus der Tiefe der Kehle und bezog im Mund Wohnung. Das Klirren der Ketten änderte seinen Schmelzfluss. Es stand dem Näseln der Saxofone in nichts nach. Eher schon zeigten sich die äußeren Umstände verhärtet. Dann klapperten die Ventile wie die Blechnäpfe der Sklaven zur Vesper. Die Peitschen knallten, bloß weil die Becken unsere Handlungsweise vorsichtig auszischten. Mir waren die Hügel längst nicht mehr grün. Ich konzentrierte mich mehr auf die Schotterzeilen – so nannte man in diesen Tagen das Kleingedruckte in den Verträgen. Die großen Orchester von einst standen in den Miesen. Aber mit Miesmachern war nichts Rechtes anzufangen. Man wischte ihre Spuren beiseite, wie eine Handvoll Tinte. Die großen Formen im Mittleren Westen brannten lichterloh. Die Frauen trugen einfache weiße Seidenkleider, die sie so lange falteten, bis sie Magnolien glichen. Die Töchter der schlechter Gestellten machten sauber. Einige von ihnen waren es auch, und man nannte sie Früchtchen. Kleider zu Schürzen, lautete ein Wunsch nach Veränderung. Die Kittel gingen aus den Kesseln gestärkt hervor. Man hing sie, oder an ihnen, ganz gleich, in welchen Farben sie spielten. Die Hüte der Herren ähnelten Schweineschnäuzchen, sie glichen durchgeschnittenen Zylindern.

Man trank scharfe Lösungen, wenn man keine andere fand. Manche von uns Katzen waren so schlecht gestellt, dass wir uns im Abseits befanden. Die Großkotze rümpften über uns die Nase. Um nichts vom Zaun zu brechen, suchten sie das Offene auf, als handelte es sich dabei um eine feste Fläche. Je fester, desto unumstößlicher. Der Weizen stand so hoch, er lag förmlich im Auge des Betrachters. Anderen stand er bis zum Hals, oder er floss abgeerntet die Tränenkanäle hinab.

Mir lag das Flache zu keinem Zeitpunkt. Ich stand auf Wolkenschrubber. Ich fand Lady Day gut, die sie „Aurora" nannten mit ihren entzündeten Nagelbetten. Ich fand sie so gut wie eine abgegriffene Münze in meiner Westentasche. Ebenso gut hätte sie jemand anderem gehören können, dem sie auf der Tasche lag. Ich ließ einiges für sie springen, und das waren nicht nur Kängurus. Jeder Bandleader besaß seinen eigenen Flohzirkus: Meiner umfasste die Finger einer Hand, sooft man versuchte, nachzuzählen. Manches Mal nahm ich auch die fünf Sinne zu Hilfe, dann hatte ich sie beisammen. Das hatte den Vorteil, jemanden zu Gesicht zu bekommen. Jeder von uns Fünfen begann zu spielen, als würde ein Boot zu Wasser gelassen. Überall nur Weiße: Das Weiße in den Augen, das Blaue vom Himmel herunter, das, was jemand mit Löffeln gefressen hatte. Die Schauer liefen über den Rücken. Sie gerieten dabei an andere Ausläufer, etwa solche von Gebirgen. Kurz: Ich ging mit der Zeit, als wäre ich von ihr an der Hand genommen worden. Der ganze Jazz stand unter Gänsefüßen. Er lief – weil es die Füße nicht für ihn taten – von selbst blau an. Dann wieder schwindelte er, als ihm selber. An ihm, wie an uns, schieden sich die Geister. Man tat unsere Musik als blaustichig ab, vor uns, die wir bis eben noch Schwarze waren. Die Schwinger von früher setzten Grünspan an. Sie guckten in die Röhre: Aus der lief der Schaum oft rund um die Uhr. Aufblitzende Gedanken gerieten da häufig ins Hintertreffen. Eingebungen glichen nur noch Lieferanten. Wildfremde zahlten Gebühren, bloß um dabei zu sein.

Irgendwann hatte ich die Orchester dicke, ihr Schmalz, das sie ausfassten, die Zollstärke, mit der sie in die Röhre guckten. Es überlief mich kalt. Ich saß eines Nachts mit Nacktmull im Souterrainzimmer und hörte, wie die langen Leitungen stöhnten unter der Last von Bedeutungen, denen wir die Hähne öffneten. Andernfalls hätten wir ein Hühnchen zu rupfen gehabt. So hauten wir die alten Schwinger in die Pfanne. Wir kühlten unser Mütchen und brachten die Temperaturen herunter. Ich scharte zahlreiche Kellerasse um mich. Ich packte jeden einzelnen am Stil, sodass er sich zu etwas gehalten fühlte. Sogar Nacktmull klimperte mit seinen Deckeln, worauf die Augen wie Urmenschen aus ihren Höhlen traten. Ich ordnete das Staunen an. Während überall auf der Zweiundfünfzigsten die Lärmpegel stiegen, stimmte ich so weit; doch alle übrigen kletterten die Harmoniegerüste herunter. Blau war nicht nur der Mond über Vermont. Eine Frau, die annähernd wie Urlaub hieß, leerte Produkte von Gärungsprozessen in den dafür aufgesperrten Hals. Schon am hellichten Tag zog sie die Fahne auf. Andere, wie meine Wenigkeit, hatten da schon längst die Segel gestrichen. Die übrigen ließen Wasser zu Wasser, ich kürzte auch noch den Schornstein und löschte die Deckfarben. Schließlich passte mein Jazz in eine winzige Nussschale hinein. Die Aufnahme, die ich schließlich fand, war von mir.

Ich schob die Manschetten durch die dafür vorgesehenen Löcher. Meine Sklaven waren alle Selbstbinder. Was sich an den Halbschuhen als fehlend bemerkbar machte, investierte ich umso mehr in die Stärke meiner Schnürsenkel. Anschließend kochte ich meine Stücke hoch. Ich ließ sie so lange schmoren, bis sie aus freien Stücken – freieren, als sie waren – zerfielen, und zwar in Stärke und in einen besonders hohen Fruchtzuckeranteil. Ansonsten machten sich Rückstände lediglich auf einem Bankkonto bemerkbar. Ich rechnete mit verspätetem Einlauf.

So waren auch meine Maßhemden näher auf mich eingegangen; sie machten sich etwas aus mir, sie schienen genau meine Kragenweite zu besitzen. Ein engerer Zusammenhang schien kaum denkbar, nicht einmal mit Zeugern meines Schlages. Beipässe wurden gesetzt; das heißt, ich hieß meinen Bassspieler sich niedersetzen. Evans und andere Affen scheuchte ich aus dem Faulbett ihrer funktionsharmonischen Zusammenhänge. Affen, die sie waren, hingen sie miteinander zusammen. Von ihren Stammbäumen gab es Tontrauben zu pflücken, einige von ihnen waren vollreif. Das Pflücken hing vom Wollen ab. Das ließ auf Ketten schließen. Bald stand ich beim Schneider in der Kreide. Die Hutmacher passten auf, dass es zu keinem Vergehen kam. So einer, der durchbläst, läuft leicht in die Irre.

Tropfen hingen wie Noten an einem seidenen Faden. Der Wind von der Lacke Michigan wedelte die Kätzchen von den Palmen. Die Weiden schoben ihre gelbstichigen Finger in die braune Lake. Ich verbot den Musikern ausdrücklich, es den Pflanzen gleichzutun. Schlingen kannte ich vom Lynchen; noch im östlichen heiligen Ludwig liefen Gesichter, die ohnehin schon dunkel waren, blau an. Meeresarme waren sogar der Länge nach blau, als hätte sie jemand gebrochen. Etliche Meerbusen schienen verkümmert, wie sie so allmählich versandeten. Ich konnte sie aufzählen, weil sich ihrer immer zwei fanden. Sie brachten so manche Flut um die Ecke. Die Möwen rissen die Schnäbel auf – ich erkannte sie wieder, nannte die Nachtclubs, in denen sie den Gästen das Weiße aus den Augen pickten. Jeden frühen Morgen spendete die Flut Applaus, indem sie hochbrandete. Sie wusch das Tafelsilber der Wohnungen und Häuser, um der Küste anschließend durch die Finger zu rutschen. Sie machte sich dann auch aus dem Staub, ließ sich aber kaum jemals kneten. Sie bäumte sich großmächtig auf, nur um umso rascher wieder in sich zusammenzufallen. Jemand wie die Flut gelangt dann mit sich selbst zur Deckung. Im Süden sagten die Kinder zu denjenigen, die sie hassten, sie sollten sich verzupfen. Überhaupt zogen sie ganz andere Saiten auf. Selbst ich, der ich nicht mehr der Jüngste war, musste eine Standpauke halten. Ich versprach den Drogenessern, sie zum Teufel zu jagen, sollten sie wieder ihre Löffel erhitzen. Die Zuschauer lauschten mit glühenden Backen, als ob sie ihren eigenen Ohren nicht trauten. Wir brachten ihr Schmalz zum Sieden. Die Haare waren schütter, so viele Schweißtropfen flogen von den Spitzen. Woraufhin sie auf den Boden klatschten, wo sie vor unser aller Augen zergingen und weiter keinen Schaden anrichteten.

Ich war nicht nur nicht älter geworden, ich war sogar noch blau hinter den Ohren. Dorthin reichten sonst nur die Striemen der Pflücker. Lichtscheues Gesindel kroch mir die Sommersprossen hoch. Ich kehrte in die blauen Wälder meiner Vorfahren zurück; dort hatte jeder X-Beliebige das Zeug zum Star. Schmutzfinken tirilierten das amerikanische Liederbuch herunter, sie pickten die schwarzen Beeren von den Leinen, die jemand anzog, wie um sich anzukleiden. Alte blaue Augen arbeitete mit Auslassungen; ihn hatte die Gärtnerin verlassen, er hatte schwer an seiner Rippe zu nagen. Er hörte das Gras im Garten Eden wachsen, etwas, womit sonst nur Eve ihre Beine bestrich. Sie war eben ein echter Ausreißer. Andere zeigten sich widerborstiger, indem sie sich nicht verladen lassen wollten, schon gar nicht in für die Weißen bereitgestellte Busse. Das Wechselgeld betrug etliche Schusters Rappen. Jeder noch so kleine Schwarze hatte sich den Augen des bleichen Busfahrers endlich bezahlt gemacht. Das Gefährt sprang in die Nut der Straße. Dort klapperte es ein paar Strophen des Weges ab, der geradewegs über eine Brücke führte. Von da in die zweite Strophe war es nur noch ein Katzensprung. Gerade rechtzeitig hatte die Straße andere Saiten aufgezogen. Dicke Mamis vergingen sich mit Löffeln an ihren

Waschbrettern. Die Federn hüpften, als hätten sie sich von den Vögeln abspenstig gemacht und würden nunmehr wie im Flug eine Musik hinzaubern.

Es war unerhört. Ich stand mit einem Bein im Kittchen, mit dem anderen bereiste ich Ausläufer. Ein Junge, kaum höher als ein Gehege, heizte bei mir die Kessel an; er klopfte dazu wie ein Buntspecht. Sein Stammbuch wurde dadurch erst ersichtlich. Die Wipfel schüttelten ihre Gliedmaßen, wie im Central Park oder in Oregon. Das warf viel ab für uns. Die künstliche Sonne hielt ihr Rohr auf uns gerichtet, und unsere Zehennägel rollten sich unter ihrem Einfluss auf. Die nächsten Brücken schoben sich unter die Reifen, andere waren noch jung und unerfahren. So war es Küstenort Braun ergangen: Er hielt auf etwas zu; sein Vehikel entschied sofort für ihn und ließ keinerlei Möglichkeit offen. Seine Haube vereinigte sich mit einem der vorspringenden Teile und ging geradewegs in dessen Besitz über. Dabei wickelte sich die Blechkapsel um den Baum wie die Krawatte um den Hals. Es war zum Durchdrehen, wie die Räder die aufgenommene Fahrt nicht mehr herausgeben wollten. Ihre Energie pflanzten sie in die Luft fort, in der ohnehin schon der Sirup des Mondes klebte. Kurz: die Luft besaß Überkleider, und die waren gestrichen voll. Aber orakelten nicht alle Autos wie die Nachteulen, sie würden vom rechten Hochweg abkommen, sobald einmal der Nebel sein schütteres Haupt erhob? Er saugte sich die Watte offenbar aus dem Finger. Küstenort Braun nährte sich von anderen Mundstücken. Er leitete alles, was an der Luft überschüssig war, um auf seine Atemwege. Von dort erging ein Schwall an die Allgemeinheit. Früh erhob sich in Braunies Bronchien ein Sturm; die Bläschen füllten sich und stiegen. Die Zugvögel wurden wie mit einem Schwamm von den Leitungen gewischt, die Ballone tanzten durch die Ballsäle und glänzten im Gaslicht der Kandelaber tabakbraun, und außerdem strahlten sie um die Wette. Die Knöllchen aus Jazz bildeten

Fortsätze an den Reliefs an den Decken, oder sie waren von knöchernem Auswuchs, wie etwas ehemals Lebendiges, das jetzt abgelegt war am Strand, wie eine starre Badehose oder ein Anzug aus Kalk. Solche Miesmuscheln wurden lustlos in die Archive getragen. Der gesamte Jazz bestand nur noch aus Stachelhäutern, die sich hinter ihren Ablagerungen verkrochen. Satchmos Augen tanzten auf den Wellen von Neu-Hafen, oder sie bildeten Spiegeleier auf heißen Blechdächern. Ihrer wurde genossen wie einer bekömmlichen Speise in Aspik. Einen anderen nannten sie Staatsoberhaupt, aber nicht zur Gänze, sondern als wäre er zur Mitte hin abgeknickt, also in etwa: „Staatso" oder „Staatsob". Er trug ein lustiges Hütchen, das prompt einer Schweinsschnauze ähnlich sah und bestimmt auch so geschmeckt hätte, wenn man von ihm gekostet, aber er war auch so schon teuer genug. Staatso lag Frau Urlaub auf der Tasche. Beide standen unter den Kronen hundertjähriger Eichen, wie man sie in Kalifornien zu ziehen pflegt, auch wenn sie im Grunde festgewachsen sind. Die vergorenen Früchte simmerten wie verschwiegenes Obst, Granatäpfel, die sich selbst entzündet hatten.

So erzählte man sich in der Stadt der Engel, wo alles heiß lief, die Eindrücke noch frisch waren, ehe die Brandung sie verschluckte, ohne sie wieder auszuspucken. Sand trocknete die Tinte, die dicker war als das im Umlauf befindliche Blut. In Billies Kanälen bildete das Blut einen dünnen Film, der die Wassergassen mit einem Mantel des Schweigens bedeckte. Kunststück, die Zapfhähne krähten, sobald auch nur die Hündchen anschlugen, etwa wie eine kostspielige Kur, die Billie wieder herstellen sollte, wie einen lange entbehrten Gegenstand. Pres näselte. Er spuckte braune Speichelblasen vom Triolenstrauch. Dessen Triebe hatte er im Mund ausgiebig hin- und hergewendet, ehe er sie mit dem Pflaster vermählte, das unter seinen Füßen zu knistern anfing wie schimmerndes Stanniol. Meine Anzüge wurden indessen immer halbseidener. Ich machte mir nichts aus ihnen, am wenigsten ein Nest, in das die Katze hätte jungen können. Mir kroch die Kälte hoch, indem sie sich der Halbtonleiter bediente, wobei sie sich unterwegs auch nieder- oder herabließ. Jede Braut trug dann einen Raureif um den Finger. Auch Stores wurden herabgelassen, einige unter ihnen legten sogar Waren von einigem Wert aus.

Ich hatte es immer geliebt, mit Halbschuhen in die Fußstapfen zu passen, auch solcher, die anderen gehörten, und auf großem Fuß zu leben. Mit dem Fortkommen wurden die Hemdkragen steifer; bei der Unterlippe war es mir in die Wiege gelegt. Da ging ich daran, den Kühlraum neu zu erfinden: als Kühltraum. Ich hob Harmonien aus der Taufe, nur weil sie knisterten wie Seide. Andere drehten sie durch die Mangel; ich probierte es mit Überfluss, indem ich sie anschwellen ließ wie das Fleisch rund um einen Bruch. Das Geschehen entwickelte sich zumeist rund um einen Vorsteher: Ein Motiv trat aus dem Gesamtbild hervor und bildete sofort eine Nase. Ich musste dann den Vorsprung halten, ohne doch um liegende Noten herumzukommen. Von allen Nasen, die mir gezeigt wurden, war Kühl-Zugs die längste; aus ihr rann unausgesetzt das Pech der Erfindung – weiße Milch der Späte. Allen Schleimflüssen lag ein dunkel schimmerndes Blau zugrunde. Überall derselbe Rotz: Ganz gewöhnliche Viertakter spuckten Lawinen los, auch New Orleans versank in der gelben Pracht. Wieder andere betätigten sich als Rohrspatzen: Hockten wie Klemmer in den langen Leitungen und richteten ihr Federkleid. Sie schüttelten den Unrat wie Köpfe. Manche Grünschnäbel bildeten Verdickungen aus, die handhabten sie dann wie Fertigkeiten. Es wurde zur Gewohnheit, für sie Eintritt zu verlangen. Wieder andere luden lieber gleich in ihre Wohnungen. Die Kundschaft saß auf irgendwelchen Hosenböden und frönte Hörgewohnheiten, nach denen man die Uhr hätte stellen können. So war es nur verrückt.

An allen Ecken, noch mehr aber an den Enden begegnete man der neuen Sache. Sie fiel zufällig mit Türen zusammen, die sich für uns Schwarze einen Spalt breit öffneten. Ich sammelte solche Schlüpfer, jeder von ihnen ein Knüller. Ich begegnete Strumpfhaltern vor Wagenschlägen, die sie offen hielten wie ihre übernächtigen Augen. Onkel wie Tom und Jerry schlugen die Zeit tot, zweierlei Fliegen, aber sie hatten ein- und dieselbe Klappe. So ähnlich wie Mum und Dad: Er bohrte den Zahnstein auf, sie bildete den steten Tropfen. Das höhle Stein und Bein. Dads Bohrer war auf seine Art ein Kühl-Jazzer, er schlug Wasser ab, als wären die an ihn gerichteten Bitten Zähne. Es leuchtete hellauf in die entferntesten Kieferäste. Ich sah Korallenstöcke, die ihre Astgabeln tief in das entzündete Fleisch gerammt hatten. Der Speichel bildete lange Schnüre, an denen die Spatzen turnten. Es blieb an mir, es wieder einmal von den Dächern herunter zu pfeifen: Die anderen setzten langsam Moos an, und ich wurde jünger und jünger. Man knallte mir immer öfter was vor den Latz, den man mir um den Hals band. Selbst die Hosen schwanden mit den Jahren und bekamen einen Einschlag. Sie stachen selbstverständlich ins Blaue, das sie behaupteten, obwohl sie doch von unten heraufzogen, wie von der Höhe eines besonders glänzenden Spiegels. Hosen fielen nicht, eher sanken sie schon, wie der Grundwasserspiegel in Missouri, oder die Grundstückspreise in Ludwigshafen (Ost). Ganze Familienzweige wurden in die fruchtbare Erde gesteckt, und sei es, dass man sie so ins Jenseits beförderte. Die eigene Anschauung bildete Schaufenster aus: Ich sah Arztkittel, die wie Leichenhemden im Wind schaukelten. Die Pfaue schlugen Räder, als ob die letzteren etwas zu verbüßen hätten. Die Becken unserer Taktgeber wurden breiter: Windspiele, die uns schmeichelten. Ihre Schnauzen stachen in unsere Kniekehlen. Wir hatten die Tonfolgen zu tragen, die den Ohren anderer schmeichelten. Im dicken Apfel dasselbe Bild: Überlandbusse hingen an Bügeln, wie Hemden. Ging es ihnen an den Kragen, sprühten sie Funken. Sie liefen dann Bordsteine an wie Molen oder Piere. Die Schlingen ihrer Erzählfäden wickelten sie um Poller, die ordentlich nachdunkelten, sobald die Aussprache sie mit Feuchtigkeit bedachte. Ich sah Wildgänse, und ich sah sofort rot. Der Hudson ließ den Pegel ansteigen und spannte damit auch meinen Geduldsfaden bis zum Zerreißen. Die Häuserschluchten glänzten rot, wie unter dem Eindruck einer unangenehmen Entdeckung. Smog lag wie eine Heizdecke auf meinem Kühl-Jazz, die Posaunen überhitzten und barsten, das Wasser kochte in den Schalltrichtern. Kanaldeckel waren Knöpfe, die aufgingen – selbst die Laternen klimperten mit ihren Knopfaugen. Sie glichen Lüstern, anderntags hingen ihre Becher völlig entspannt. Tau benetzte die Pötte am Pier. Kann sein, wir lagen mit unseren Liedvehikeln grundsätzlich schief. Wir waren es gewohnt, unsere Weisen anzustimmen, die jedoch auch nicht klüger waren als andere Tonfolgen. Ich gab ihnen keine Namen, sondern ich versetzte ihnen Begriffe wie Friedrich Freilader oder Gottkind, aber nur so aus Prinzip. Ich verpasste Einsätze, dass es nur so krachte. Manche glichen Zwickeln und waren ausgesprochen spannend, das heißt: Diejenigen, die in ihnen steckten wie Maden im Speck, spannten. Sie übernaserten grundsätzlich, oder waren vom Fleck weg. Ich versuchte sie langfristig zu binden, ich schloss sie an mich an, sodass sie Nebengebäude bildeten, Trakte mit Stiegen, die außen um mich herumführten. Doch sonst hielt ich alle Tore in mich hinein sorgsam verschlossen. Niemals hätte ich Schauern Zutritt gewährt – eher schon überliefen sie mich, oder kamen geradewegs auf mich zu, wie um von mir mich auf meine Arme schließen zu lassen. Also entwickelten sich die üblichen Seilschaften, zogen sie an Strippen, und ich hörte mich Stiegen herunterhasten in schweren Schuhen. Lieber noch aber war ich nicht zuhause; ich war dann ganz außer mir, obwohl trotzdem innerlich, weil ich äußerlich ein kühles weibliches Hausschwein mimte. Das kam gut an, etwa wie der Inhalt einer Rohrpost, die jemand mit Hilfe langer Arme zustellte, oder weil er einen Ladestock besaß und diesen auch zur Anwendung brachte.

Das Kunststück bestand darin, Miene zu machen, ohne sie zu verziehen. Glasaugen rollten durch die Auslegware der Prärie. Sie sprangen den Spaßmachern in die Höhlen, in denen sie Unterschlupf fanden und prächtig funkelten, sobald die Sonne ihr Geschmeide um die Ecke gebracht hatte. Samuel vom Stamme David, genannt der Jüngere, lagerte seinen gesammelten Frohsinn in den Herbergen der Reichen. Sie verräumten ihn in Gebäuden, in denen für gewöhnlich landwirtschaftliche Geräte hausten. Ihn und die anderen nannte man die Clique von Nagetieren. Alle drei besaßen furchtbar rosige, nackte Schwänze, die sie nur vor Berufenen entblößten. Sommers wie winters brausten durch Vegas Lachstürme. Die Hotels und Kasinos grinsten über beide Ohren. Ihre geschürzten Lippen verrieten Leuchttafeln. Hinter jedem Fenster lauerte ein einarmiger Bandit, der sich widerstandslos betätigen ließ. Plättchen rieselten in den aufgesperrten Mund, oder man hängte drei Bananen in das gleißende Licht der Auslage. Banken wurden gesprengt, sodass die Gesäße oberhalb ins Rutschen gerieten. Oder direkt ins Bodenlose fielen.

Ihnen schien die Sonne aus dem Gesäß, während unsereiner durch den Hintereingang abzog, bestenfalls wie ein blauer Dunst. Man strich um die Häuser der reichen Weißen herum, dabei hätte man sich selbst gut Lack gewünscht. Pailletten knisterten wie ein gemütliches Feuer, das in einem Ansteckungsherd brannte. Nimm ein Stück Holz und heiß es scheitern! Stell ein paar Lauscher auf. Aber bald schon war ich mächtig genug, Gegenstände und andere Heißläufer abzukühlen. Wer an der Posaune nicht mitzog, flog. Ich hielt Standpauken, damit sie nicht fortgerissen würden und unbeaufsichtigt an Land gingen; bald hatte ich alle Felle im Trockenen. Die Nebelhörner wurden immer undeutlicher. Ihre Ergüsse waren wohl weißlich wie verschüttete Milch. Ich, als Schöpfer, bildete Rahmen. Die anderen waren Früchte, die auf stur schalten. Wirbelstürme erfassten die Lage. Sie stießen unsereinen vor den Kopf. Ich stieß immer häufiger auf Hemdsärmeln, und manche meiner Musiker waren ungebunden wie Schuhe, bloß weil ich sie nicht rechtzeitig am Kragen gepackt hatte. Prompt fand ich sie in der Löffelchenstellung. Die Teiche im Central Park sprangen wie Glas, oder Gnus. Ich kehrte in weißen Söckchen wieder, war jedoch kein Feger. Wir errichteten Tempel auf dem Pflasterstrand, wollten aber nicht hoch hinaus, sondern wir duckten uns vor der Übermacht der zementenen Riesen, die in direkter Linie von den Pilgervätern abstammten. Bald schien mein eigener Vater auf der Maiblüte Dienst zu tun; bald stand er untätig inmitten der Sumpfblüte, oder er entriegelte Mundlöcher und versenkte sich in den Inhalt. Dieser trug Goldkronen, die Zungen waren der reinste Brokat. Ich sah schwarze Mütter, die aussahen wie Vergnügungsdampfer. Die Hände standen seitlich ab wie Entenpürzel. Gerietest du zu ihnen in Widerspruch, bekamst du zusätzlich ein Maul umgehängt. Dem mussten wir Schellen mitgeben, dass es nur so klirrte. Wir nahmen bestimmte Artikel in Kauf. Wir sahen auf der Einundfünfzigsten einen Flamingo, und zwar mit gefasstem Vorsatz, deshalb einbeinig. Er stand im Besitztum des Herzogs, das heißt eines streunenden Horns. Lichtpunkte quollen wie Quecksilberkugeln aus dem Thermometer der Straße. Flipperkugeln brachten die Ampeln zum Klingeln. Ich maß endgültig nur noch wenige Zoll, so mich überhaupt jemand verzollen wollte.

Ich schlüpfte nacheinander in die Zitzen eines Handschuhs. Später einmal war ich mir selbst bloß im Wege gestanden, jetzt trat ich bereitwillig zur Seite. Ich hatte meine sämtlichen Bestandteile durchgewunken. Ich stand schnaufend an einem Ort der Aufbewahrung, oder an einer Sammelstelle. Man brachte mich zur Abgabe, zum Beispiel störender Eigenschaften. Langsam konnte man in mir wieder das unbeschriebene Blatt bewundern, das die Noten flohen. Auch die Flöhe benötigten es nicht. Ich spannte im elterlichen Garten fünf Schnürsenkel, auf denen ließen sich gestandene Zeisige nieder. Der Altweibersommer bedeckte sein fleckiges Antlitz mit Netzen. Die spinnen, die Netze! Die Pflücker wuschen den Himmel, sobald sie die baumwollenen Kätzchen gepflückt hatten. Mit mir als Kleinkind sanken endlich auch die Tachonadeln in den Keller. Ich blieb etliche Grade hinter der Fahrenheit zurück. Allmählich traten auch die Schallwellen hinter die Molen der Stadt Atlantik; es waren die Stadtväter, die sie niederhielten oder mit den Hütchen ihrer Hände auslöschten. Sie zogen den Sauerstoff aus den Klanggebäuden. Andere kümmerten sich um die Bleiche der Handinnenflächen. Die Hütchen aus Schweinspastete klatschten an die Hafenmauern, wie um Applaus zu spenden. Mächtige Schwingmusiker rutschten in ihren Hochwasserhosen hin und her. Schulbusse spien die Kinder wie Zweiunddreißigstel aus. Die Racker rutschten die spannenden Zeilen entlang, oder hüpften wie Erbsen aus den Schoten. Andere wieder platzten mit Überraschungen heraus, mit Eintragungen in ihre Hosen. Unter den Kleinen fanden sich etliche Darmstädter. Bald schon vergaß ich die Baumwollpflücker und Eisenhauer. Mir schwanden die dazugehörigen Sinne. Ich fiel aus der fünften Stufe herunter, wie aus allen Wolken. In den Vororten die Akkordarbeiter, in ihren Suiten aus New Jersey. Selbst die Sklaventreiber wurden immer halbseidener. Jedem Jecken eine auf die Mütze. Mir schlotterten die freigelegten Knie. Wir setzten auf die Leiter ganze Schulterstücke. Die eigneten sich auch zum Kehraus. Die Zeiger kletterten zurück in ihre Kuckucksheime. Dort fanden sie Nist- und Futterplätze und tafelten auf rotem Samt. Wieder andere fielen den Konzertmeistern in die Hände. Dann wiesen sie hinaus ins Blaue, oder ließen aus den Wolken die Luft heraus. Die Farnwälder aus rotem Kupferblech wackelten beidseitig mit den Ohren. Das Gras geriet darüber in Schwingung und versetzte sich in unsere Lage. An meiner Selle wäre ich auch grün hinter den Ohren gewesen. Mein bestes Stück wanderte zurück ins Pfandleihhaus, den Posaunen entgleisten die Züge, das war schon fast die halbe Miete.

Man nahm mich von der Schule, als hätte die Schultern und müsste sich erleichtern. Ich war noch nicht reif genug, also nahm ich mich und warf mich in Schale. Die Blütenblätter waren die reinsten Spickzettel. Doch was hätten sie mir mitzuteilen gehabt, außer den Mantel des Schweigens, den sie obendrein in Tau gewickelt hatten? Die Ladies in ihren Capes aus Neu-England, aus Mittelerde... Ich wusste nicht einmal, was gespielt wurde. Die Betonung lag auf dem Wippen der Wiege. Darüber konnte man leicht ins Schleudern geraten, etwa wenn sich Mum und Dad über mich Blasebalg beugten. Ich sammelte ordentlich Speichel, und das Zeug entwischte mir. Bei anderer Gelegenheit schien ich in Saft geraten, und ich oblag meinen Hervorbringungen. Ich hatte sie geradewegs vom Essen abgezweigt. Wäre die Baumwolle, etwa durch ihr Wachstum, leicht hörbar gewesen, sie wäre mir aus den Ohren gelaufen. So regte sie ihre Pfötchen etwa nur wie eine Katze, die träumt. So liefen auch nur Schiffe aus, als wäre die See innerhalb gelegen, als die mit etwas verschlungene Beute. Nicht viel anders stand es um mein Talent, das gewaltig nach außen drängte. Vorderhand gelangte es in der Windel zum Abdruck. Meine Windeln wurden ausgekocht wie Schlitzohren. Ich befand mich als Matrose im Anzug. Ich wälzte mich im Bett wie ein nicht ganz leicht herleitbarer Fluss. Ich schrumpfte, und auch Sitz und Stimme rutschten mir in die Hose. Bald schon wurde ich als halbe Portion aufgetischt. Dabei war ich ein gefundenes Fressen – als Kind so klein, wenn es hochkommt. Die Stuhlbeine knickten, ich fuhr den Knien an die Kehle, die Gegenden aus Gras zogen ein paar Nasenlöcher. Ein paar Schlepper zogen den Mund schief, und ich bemerkte, wie andere das Tempo schleppten, das ich doch selbst am Leib trug. Es stand mir bis da, und ich hatte es bis dorthinaus. Ich machte mich auf die Socken, bloß um irgendeine Trennung zu vollziehen. Dabei trug ich Schlüpfer – doch was nur, was? Ich war eiiger als je einer. Ich stand knapp davor, etwa wie ein akademischer Titel. Ich zählte so wenige Lenze, fast schon wie ein Einheitsbrei. Ich hieß mich stürmisch willkommen, fand das aber auch keinen ausreichenden Namen. Man hieß mich schweigen. Ich fand ein Verständnis vor, wie durch ein älteres Geschwisterkind, das einem den Platz verstellt. Noch blickten die Altvorderen von oben auf mich herab, ich übersprang ein paar Glieder in der Ahnenkette, wie um eine Absperrung zu überwinden. Blaue Augen, blaue Haare, blauer Hals. Sogar der Schnapshandel steckte noch in den Kinderschuhen. Präsidenten waren Rosenfeld und Eisenhauer. Doch das Land war zu klein, und sie beugten sich über jeden einzelnen Kinderwagen, der ihres Weges. Die Augen Satchmos platzten wie Granatäpfel. Sein dicker Adamsapfel lag am Hudson. Dort faulte er. Die Wolkenkratzer hatten allesamt Kerngehäuse und spuckten Menschen auf die Straße. Die Sonne riss ihnen die Schale vom Fleisch, das gläsern war und selbst geringe Aussichten widerspiegelte. Das geschah einzig und allein, weil ihnen die Sonne auf den Pelz rückte. Funkantennen bildeten Stängel von geringer Dicke. Der Wind rieb sich beide Hände. Obendrein blickte er erwachsenen Bäumen unter die Röcke.

Meine sämtlichen Ahnen gingen auf Mama Afrika zurück. Ihr Andenken pfiff aus dem letzten Loch der Flöten. Ich war da kleiner. Mein angestammter Platz war hinter dem Schalltrichter. Ich gebrauchte Ausreden, die sich rasch verbreiteten. Manche gingen auf Hörer zurück, die ihrerseits einen blassen Dunst ausstießen. Ich hatte eine Ader dafür, und die trat prompt, für alle gut überprüfbar, an der Schläfe hervor. Sie wand sich förmlich unter dem Zustrom. Dabei hätte sie ruhig Blut zu bewahren gehabt. Sie stachelte an und ging ans Herz. Meine Hände erbleichten. Meinen Daumen betrachtete ich als gefundenes Fressen, und er mundete mir, obwohl er bis an die Wurzel fingiert war. Erzieher, meinen Alten nicht einmal dem Namen nach ähnlich, stießen mir Bescheid. Ich lernte, Tanzkapellen von kleineren Besetzungen zu unterscheiden. Ich hörte die Harmonien wechseln, und mir wurde anders. Unser schwarzes Hausmädchen wienerte die weißen Tasten. Manche von ihnen stellten Bezüge her, vor allem rasch wirkende. Ich sorgte für Verwicklungen auf den Tischen. Meine Hörner wurden immer blasierter. Ich bat andere darum, sie für mich abzustoßen. So, wie ich meine Trompete versetze, gehörte sie jetzt zu jemandem anderen, oder so, wie mir der Schnabel gewachsen war. Selbst unhörbare Stimmen wurden zum Generalbass befördert. Dort konnten sie zwar keinen Schaden anrichten, aber immerhin eine Kapelle stiften. Die Zitze wurde mir zuträglich. Meine nächsten Eindrücke wurden von der Nachgiebigkeit meiner Babyhaut verdaut. Mit ihr stellte ich die Weichen. Selbst harte Getränke ließen sich jetzt erweichen. Ich lief noch weiter zusammen, etwa wie eine Volksmenge. Das Mardi-Gras war fett und grün. Ich bildete erst jetzt Gelenke aus und gewann die Oberhand, die ich sofort behielt. Alte blaue Augen war selbst noch ein Zwerg. Die Fontanellen sprangen aus den Brunnen. Schuhpastenneger sprudelten nur so über, sogar die Schalen, die saure Früchte umgürteten, liefen über. Ihr Gegner war die Reife, vor der auch ich mich in Acht zu nehmen hatte. Sie war ein Zustand, der mir nicht schmeckte. Er war mir auch nicht zuträglich, denn dafür hatte ich Bediente.

Selbst noch in die Schuhe wurde mir geholfen, sie waren mir ein paar Zahlenwerte zu groß, Für Nummern erklärte ich erst später meine Zuständigkeit, etwa indem ich sie einzählte oder einzelte. Dann schlug ich ihnen ein Fingerschnippchen, wie ich es bei Lunceford gesehen hatte, der den Schwefelkopf seines Däumchens drehte, nur um den mittleren Finger an ihm zu entzünden. Der Schall sprang von der Reibefläche und machte sich umgehend davon, etwa ein Bild, das er akustisch an die Ohren der Bläser weiterleitete. Nachrichten solcher und ähnlicher Art liefen wie am Schnürchen. Bedenken machten sich aus dem Staub, der sonst noch den hochtrabendsten Plänen anhaftet.

Die Sonne wurde vom Fleck weg als Senger engagiert. Sie bildete ein Centstück, das über die Prärie rollte und über die Kante, ihre Klinge, sprang. Ihre leichte Entzündlichkeit hatte sie mit uns Schwarzen gemein, ihr lag nämlich das Sengen im Blut, oder sie strahlte mit uns Schwarzen um die Wette. So sehr wir uns auch Mühe gaben, ihr Grinsen war Wetter. Sie erleichterte sich um ihr Strahlen. Sie zahlte es in die Baumwollfelder ein, die ihre Sparkasse bildeten. Ich erkannte darin meine eigenen Rückbilder wieder: Kinderbeine; Kapotthüte, die über der Gischtkrone des goldgelben Weizens saßen. Lauter kleine Boote aus Samt. Bootenstoffe; Auge, das im Wahnsinn rollt. Blitze. Einschlägigkeit. Aus solchen Betrachtungen riss mich immer wieder der Film. Mein Vater besaß eines der ersten Walzenklaviere im Heiligen Ludwig. Ein einziger Dorn besetzte seine nicht weiter eindrucksvolle Walze. Vater, der Arzt war, trieb es auf die Spitze. Seine Kratzbürste versetzte den Patienten in gleichmäßige Schwingung. Die Stimme brach sich durch die Zerklüftungen Bahn, die den Hals ausmachen, so wie man eine Lampe löscht. Die Trompeten liebäugelten mit Trichtern, in die man sonst hineinspricht, um eine Auskunft zu erhalten. Die Hörer tanzten auf den Gabeln wie aufgespießt. Ich muss unversehens in die

Zwanziger zurückgekehrt sein. Mum trug Eiskristalle an den Ohren. Das Aufschluchzen zu klein geratener Insekten – so der Steckbrief von Automobilen aus der Vogelperspektive.

Ich kam später auf Knien angekrochen, nur um lauter falschen Zwanzigern zu begegnen. Sie trieben auch dreißig Jahre später noch ihre Blüten. Aber ich geriet zu klein. Ich sah allen Hochnäsigen in die Löcher hinein. Darin waren ihre Rückstände aufgehoben: Funktionsharmonik, der gleitende Übergang sub specie, sub dominante. Ich sah in meiner näheren Umgebung die Nasen rümpfen, die Rümpfe hingegen näseln. Der Wind blies unverwandt ab durch die Mitte der Prärie. Manche Trompetensträucher wurzelten noch mitten in den Auseinandersetzungen des Bürgerkrieges. Es gab Hasenartige mit gezogenen Läufen, solche mit Schießscharten im Gesicht. Manche zerrissen sich förmlich, andere wurden in der Mitte entzwei geteilt. Sie alle, ob bleigrau, ob Blaue, hatten mehr oder weniger mit uns Schwarzen zu tun. Vieler Gesichter liefen an wie Fenster. Gegenden wie Jungfrauenland wurden geschändet. Andere wie Georgsland verpassten sie, oder ihnen zum mindesten einen Einlauf. Die Blauen liefen erst mühsam an. Ich fasste kein Zutrauen zur Ordnung. Also schmolz sie unter meinen Fingern und bildete auch keinen festen Beschlag. Ich schwamm im Süßwasser der Einbildung, die Nägel krochen zurück in die Futterale, wo sie den Keim für künftige Taten legten. Ebenso standen die Haare hinter ihren Möglichkeiten zurück. Ihr Wachstum blieb hinter ihrem Wollen.

Ich streckte zäh und fin. Die Tradition beugte sich in Gestalt einer Großmutter über den Weidenkorb. Der Himmel vor Augen lief entsprechend schwatz an. Ich tat die Krähenfüße ab, als stünden sie in meinem Ermessen. Urplötzlich bildeten die einfachsten Lockungen Kringel. Die Altvorderen standen mir mit einem Mal am Nächsten, selbst wenn sie kein solches im Gesicht trugen. Ich sah die steinernen Erhebungen der Rockies, die ein Skelett bildeten von etwa Weichem, Verwichenem. Die leeren Flüsse ergaben sich in ihre Sandigkeit, die Waggons der Ellington-Band enthielten immer weniger Baumaterial, mit dem man den Fluss hätte stauen können. Ich rammte eines meiner Beine wie einen Pfeiler in den Sand. Von nun an hatten Spaziergänger das Nachsehen. Die gelüfteten Hüte wurden frisch am Kopf verstaut. Die Schürzenbänder der Frauen flatterten ihnen um die Ohren, Rocksäume rutschten kniewärts, manche zogen sich von einer anderen Warte aus, oder waren ausgezogen, um bei Fremden in die Dienste zu treten wie in eine vorgebahnte Spur. Blößen wurden zugegeben wie Trinkgelder. Meine Fingerfertigkeit entsprach dem Ausbildungsgrad der Kleinkindheit. Ich hörte Murmeln und dachte, wer hat Mum, die für mich noch ein Strich war, so rund gemacht?

Ich hüpfte in Mum hinein wie in einen Dollbord. Sie knipste die veilchenblauen Augen an, sie liebäugelte mit meiner Empfängnis. Das Eis schlug krachend gegen die Wände des Glases. Die Tuben drückten für sie aus, was sie spürte. Sie spurte. Sie stand mit der wachsenden Nähe im Bunde, hielt aber die Liddeckel geschlossen. Von Stund an war ich eingeschlossen. Noch gab ich mir keine Blöße. Licht und Laut wanderten einträchtig über die Membrane: Mum stand kurzfristig vor der Freisetzung eines Kotzbrockens, ich gab mir jede erdenkliche Mühe und wurde doch nicht eingesehen. Zwischen uns standen die üblichen Läppischkeiten. Ich fand mich sozusagen am Scheideweg wieder. Lampen wie aus Lauge trieben durch das allgegenwärtige Süßwasser. Zellkerne funkelten, ein jeder das Einauge des Polyphem. In den Stollen hingen die Karbidlampen, und eine jede zwinkerte mir zu. Es wäre zum Aus-der-Haut-Fahren gewesen, doch noch hielt Mum sich mit mir zurück. Sie hielt mit mir hinterm Berg. Mir stand das Wasser bis zum Hahn. Erst die Geburtshelfer begannen mit Händeschütteln. Dann aber reichte es ihnen, und sie erzählten Ammenmärchen.

Noch früher fuhren Kutschen durch den östlichen Ludwig, Einspänner, Landauer, klapperndes Zeug. Es war zum Wiehern. Die ersten Kapellen entstanden, ich selbst rutschte noch tiefer in den Schlamassel hinein. Die Wehen schalteten auf Sturz. Die Klavierspieler in den Kneipen verstummten, für sie gingen ihre Klaviere auf die Walz. Es war nicht mehr dieselbe Leier. Die Organisten kümmerten sich um die Durchblutung. Ihre Kompositionen enthielten erste Gewebeproben. Gastspiele machten sie zu Wöchnern, die sich die übrige Zeit lang hinter Gardinen versteckten. Geschmacklos war auch die Säuernis ihrer täglichen Brote. Das Leid ihrer Vorfahren löste sich von seinen Ursprüngen. Es bildete einen Belag, nicht so sehr auf den Broten, sondern auf ihren Zungen. Die flatterten kaum weniger als die Leintücher, die an den Leinen loskläfften, sobald jemand schnurstracks den Urwald durchquerte. Sobald das Bettzeug gereift war, fiel es mitsamt seiner Schwere in die Körbe. Noch früher waren seine einzelnen Teile aus den Haaren des Schafs geschabt worden. Sonst waren es Weiße gewesen, die uns die Haare langzogen. Meinesgleichen kam aus den Bäuchen morscher Schiffe gekrochen, die sich in die Kübel unserer Häfen erbrachen.

Die Amme zog meinereinem die Hammelbeine lang. Aber ich verkrieche mich noch tiefer in der Zeit. Erste Punktierungen in den Savannenlandschaften. Das Gras schneidet in die Fesseln. An den Baobabbäumen regt sich die Brötelei. Der erste Sonnenaufgang verbreitet sich wie ein Lauffeuer unter den Eingeweiden. Hinter den Sonnengeflechten hausen die Stammesältesten. Sie blasen Trübsal in die irdenen Geschirre. Unter ihnen sind

Kernbeißer und solche, die ihre Mandeln auf der Zunge tragen. Totem auf der Spur. Die Schnapsbrenner schlagen sich ihre Kolben aus dem Kopf. Landzungen entstehen. Die Kiefer der Ältesten klappen wie am Schnürchen, die Leinen sind spannend, die lilanen Lianen, an ihnen liegen meine Vorfahren, sie sind fest vertäut, es liegt nicht an ihnen, dass sich das Wasser zurückzieht, es zieht sich von allein zurück und entblößt das ockerfarbene Gebiss der Savanne. Affenartige und aufrecht Gehende schließen sich zu Orchestern zusammen. Bullen erhalten Brandungen, man hofft, sie so zu zähmen. Die ersten Feuerstellen im Buch des Lebens. Ich bin ausgetreten. Der so sprach, war seinesgleichen auf den Fersen. Ich besaß Hörner, mit ihnen schlug ich Wirbel. Wir hatten eine Menge zu erlegen: Erst waren wir wenige, dann verloren sich immer mehr oder gerieten außer sich. Manche liefen auch unter den hohen Priestern hindurch, oder standen senkrecht zu Berge. Erste kahle Platten kamen auf den Markt. Die Tonübertragung lief trotz der tiefen Einkerbungen wie am Schnürchen. Die Berge trugen weiße Söckchen, als gingen sie oben beim Himmel zur Schule. Ihre Talsohlen brannten, und unsere Vorfahren liefen wie auf Zehenspitzen, manche von ihnen, darunter auch meine, liefen blau an, oder sie steckten die Köpfe zusammen. Die geschlachteten Tiere bildeten Stückwerk. Ihre Schwachstellen hingen in Fetzen herunter, das Blut sprudelte in Bächen und gab den Ausschlag. Der Genuss der Tiere hinterließ einen Nachgeschmack. Ganze Dorfgemeinschaften stürmten den Tanzboden, nur um wieder neu Aufstellung zu nehmen. Die Sonne hatte Eingebungen, die direkt in unsere Höhlen drangen. Allmählich schob sich der Saturn in den Vordergrund. Die undurchdringliche Schwärze nahm sich den Brocken zur Brust. Sie berührte seine Ringschalen mit den Lippen. Die ganze Welt stand Kopf. Vogelnester gebärdeten sich eineiig, die glatte See unter dem Himmel sprach den Sternen sowie den durchziehenden Lüften alles nach. Das Meer hackte seine

Krallen in die nackt daliegenden Buchten, oder es schob sie wie etwas Vorsintflutliches beiseite. Die weißen Klippen standen aus dem Grab der Landschaft hervor.

Heute tragen die Menschen ihre Haut wie einen alten Fetzen. Sie scheint durch, sogar durch und durch, ohne darum gar zu sein. Manche der Fetzen sind auch nur dick aufgetragen. Noch heute sind solche Klamotten meine Kragenweite. Ich äuge unter dem Deckchen hervor. Mit ihm hält sich mein Kinderwagen bedeckt, es steht mir bis zum Hals. Mich Zwergen plagt die Angst vor Flugsauriern. Ich will nicht sagen müssen: Ich bin ergriffen. Das Tier hat mich mit seinen Krallen aufgewühlt, ich bin durchschaut. Es zieht mir die tollsten Antworten auf seine Fragen aus der Nase. Ich bin ein Rätsel. Meine Tage verbringe ich im Dunstkreis einer Phiole. Das aquamarinblaue Meer leckt mich trocken. Es reißt ein Fuder Stroh aus der Krippe und bedeckt meine Blößen. Ich gerate ins Rutschen. Meine Wenigkeit schaltet auf Sturz. Gleich anschließend sehe ich mich um, komme jedoch auf keinen grünen Zweig. Ich bleibe sesshaft. Ich knicke wie Reisig. Da durchzuckt es mich: Jazz. Mit der Ruhe ist es jetzt Essig. Die Noten kann ich mir jetzt aufmalen. Mum und Dad machen sich aus dem Staub, aus dem sie auch mich geknetet haben. Ich liege verlassen im Sand der Savanne, dabei gibt es an mir nichts auszusetzen. Antilopen setzen über mich hinweg; sie werden gerissen oder sind es schon, der Reißzahn kommt an ihrer Gurgel zu stehen. Er musste erst mühsam gebleckt werden, schon jetzt kommt er unsereinen teuer zu stehen, schon weil er hervorragend ist. Blut springt aus der Halsschlagader wie ein Känguru. Daumen drauf. Ich falle aus dem Nest. Der Boden unter mir zeigt sich bestürzt, er ist zu meinem Leidwesen blau und stößt das Wasser ab. Das hat ihm der offene Bruch der Wolken zugemutet. Es geht geradewegs hinunter. Die Fliegen fallen hier besonders auf, die Brunnen sind versieglich, jeder ihrer Tröge ein

Kuvert. Auf meinem Mund, der nach Trunk lechzt, kleben die Überreste der Gummierung. Die Zunge setzt den Brief auf. Ich hocke in Las Vegas vor dem Schreibtisch, in Dayton, Hoboken, im Madison von Irgendwo. Die Knochen der Zimmervermieter schlagen aneinander. Das Hochhaus kratzt mit seinen Nägeln an den neuralgischen Stellen. Die Monde ruhen in ihren Nagelbetten. Jeden Morgen reicht der Himmel eine Erfrischung an mich weiter. Diese hängt, mittlings zersprungen, über dem Horizont. Jemand hat mich im höchsten Geschoss zurückgelassen, das jemals ein Mensch betreten. Ich blicke aus freien Stücken, etwa den Augen, aus dem erloschenen Fenster. Unter mir schüttelt ein Brunnen sein Haar, die aus Glas gefertigten Fontänen. Atmosphärischer Druck legt sich auf die Drusen der Hochhäuser. Die erleuchteten Fenster schimmern wie Zahnreihen. Ich musste plötzlich gewachsen sein, sogar den Anforderungen, denn ich besaß Aussichten. Ich blicke jetzt durch. Dad ein Schatten hinter schrägem Schmelz, Mum aus purem Ungeschick verzettelt: Kannte ich sie noch, da ich ihr doch entschlüpft war? Alles drehte sich um meinen Kopf. Ich setzte ihn durch, als mein Blick geradewegs auf den Boden der Tatsachen fiel. Behalte den Kopf oben, hatten die Lehrmeister gerufen. Ich stand vor vollendeten Tatsachen. Mum und Dad steckten, was ihre leibliche Erscheinung betraf, tief in den Kellern der Erinnerung. Ich musste sie gewissermaßen hervorkramen, wie um mit ihnen zu bezahlen. Prompt fiel das Fleisch von ihren Zügen, ohne dass diese sich darum schon entspannt hätten. Ich tauchte noch tiefer hinab, in Kavernen, die von phosphorblauen Blitzen erhellt wurden. Man hatte meiner Mutter die Korallenstöcke entfernt. Dad stocherte mit seinem Dreizack anderen Menschen im Mund herum. Wieder andere hielten sich die Schiffsbäuche, lagen jedoch in ihren eigenen Lachen. Aussätzige vertraten die frei werdenden Stellen. Wer nicht in die Fahrrinne spurte, flog über Bord. Die Bullaugen liefen blau an, und selbst die Peitsche, die doch schon weit herumgekommen war, hatte einen Knall. Selbst solche Esel wie meine Vorfahren wurden mit Garotten gefüttert. Die Segel beschäftigten Setzer. Die hissten Botschaften. Die gingen allein aus der Qualität der Betuchung hervor. Gute Güte. Büge kippten vornüber, wie bei gelichteten Hosen. Ich bat um ein Liegen vor Anker. Mir Flasche stand das Wasser bis zum Hals.

Auf dem Läufer lagen Ahnen. Aus Mum und Dad war die Luft heraußen. Die Morgensonne schoss durch den Vorhang und dabei beide Magazine leer. Sie bleckte Zähne, die von der Schminke rot entstellt waren. Wer, wenn nicht ich, hätte wissen müssen, dass wir auf der Schulter von Erwachsenen stehen, solchen, deren Wuchs ins Riesenhafte ausgeartet ist. Die blinden Augenhöhlen meines Dad bildeten Stollen, die in etwas Inneres hineinführten. Ich folgte dem Schnuppern des Grauhundes. Das führte zu nichts, als der natürlichen Wurzel meines Ursprungs.

Immer häufiger lagen meine Eltern ausgebreitet wie Landkarten. Der Teppichboden war von grober Wirkung, sie zogen den Läufer vor. Ich lehnte mich in Hemdsärmeln gegen ihre Übermacht. Unsichtbare Hände hielten mich gepackt, ich erkannte in jeder einzelnen Gesichtsfurche die Voraussetzung, etwa für mein Schmettern. Ich war von langer Hand vorbereitet worden. Die Ketten der anderen rasselten an mir, als hätte ich sie nur rasch übergezogen, oder an den Haaren herbei. Die Augen der Toten waren starr gerichtet, etwa auf die ihrerseitige Verwandtschaft. Die stammte aus Übersee, wie ein Korb Bananen. Ich fiel auch nicht weiter vom Stamm, obwohl ich zeitgerecht in den großen Apfel reiste, ein Gaul hätte an meiner Stelle wahrscheinlich in die Reiser geapfelt. Die Stadt versetzte mir einen Wurmstich. Die Regentropfen waren Stängel. Sie teilten mit ihrem Platschen die Großstadtsymphonie in helle Streifen. Ich genoss sie satzweise, indem ich jeden Satz für mich frisch aufbrühte.

Es war wie die Geburt von Kühl. Ich nahm von „Süden" den Sud. Ich gewann aus ihm immer neue Heißgetränke. Ich sah, wie sein Zorn verrauchte. Ich genoss seiner wie einer schwarzen Milch der Frühe. Von ihr hatten bereits die Urahnen begierig getrunken, jetzt stellte sich, mit jedem frischen Wurf Kinder, immer deutlicher ihr Verblassen heraus. Mit jeder Neuverfilmung schwand hingegen das Weiße aus den Augen. Selbst aus dem Häuschen geriet die Farbe. Die Blesse der Pferde schrumpfte, das Fleisch schien durch. Da traf es sich, dass Amerika sich elektrifizierte. Wildfremde Laternen zwinkerten plötzlich mit dem Auge, Heißsporne liefen blau an, die Reklametafeln entzündeten sich im Nu. Das Licht fiel auf. Es war zu ahnen. Wir Lebenden standen zu ihm quer. Bilder gerieten aus dem Häuschen, die Staffelei der Hintergründe bildete ein System. Ich wurde zum Bekenner meiner Lippen. Menschen von Gewicht hielten den Mund, ich entdeckte die Zeiger und behandelte sie wie Dirigenten. Manche hatten auch einen Klopfer, oder bissen sich auf die Lippen. Die aufgefahrenen Geschütze wogen schwer. Ich drückte auf die Tube, nur um zu schmettern. Schon fiel die Türe von der Hand in den Mund. Stockenten fletschten die Zähne. Der Mississippi ertrug seinen Spiegel und tauschte Heimlichkeiten. Die Wellen tanzten auf seiner Nase herum. Sie trugen die Jochbeine, als wären sie ihnen auferlegt worden. Die Fluten schoben immer neue Stirnen an die Sandbänke, auf denen die Möwen wie Redner saßen. Ein Kran hackte anderen Kränen die Augen aus, ich blickte entlang der Flussläufe hinüber bis nach Milwaukee.

Die Dreizehenmöwen schoben den Kohldampf vor sich her, allein schon mit der Gewalt ihrer Krallen. Die Küstenstriche löschten das dahinterliegende Land, ich setzte es unter Gänsefüßchen, jedoch nicht unter Wasser. Der Hunger hetzte die Spießer auf die Vögel. Man schnitt den Blaumeisen die Rotkehlchen durch.

Es hagelte Anstreichungen in roter Farbe, auf offener Bühne. Ich geriet auf dem harmonischen Fundament ins Rutschen, die Blausäure schoss mir ins Gesicht. Ich trug Filzdämpfer an den Knöchelchen, niemand tat mir auf, ich spielte alle Standardnummern vom Türblatt. Allmählich nahm die Stille überhand. Selbst die Heißsporne kühlten ab, ich starrte wie gebannt hinaus in das Eis und die Finsternis. Ich schalte das Licht ab wie eine reife Birne. Ich beschloss, Fett auszulösen, als sei es ein Gefangener. Kugellampen stießen aneinander, das Wischen der Besen war ein Feger, Tafelsilber leuchtete mir ein. Die Würfel in den Gläsern gerieten außer sich.

Ich verlor die blaue Farbe endgültig aus den Augen. Die Pupillen gerieten aneinander. Sie hingen wie Kugelfische im Netz und zuckten mit den Sehnerven. Allmählich verschmolzen ihre Glaskörper zu einer gallertigen Masse. Wir fertigten Abgüsse aus Vinyl und kratzten die Bildreste aus den Rillen. Kinder mit Notenköpfen huschten durch die Gänge, ihre Bäuche waren schwer und hingen zum Trocknen aus. Wir pflückten vollreife Quinten von den Bäumen. Blauer Rotz lief aus allen Nasenlöchern; er klatschte in den pulverigen Sand und spendete Applaus. Meine Noten bekamen die Hälse nicht voll. Musiker mit alabasterfarbenen Gesichtern hingen ihre Fahnen in den Wind. Die Harmonien wechselten unaufhörlich, die Schieber in den Busbahnhöfen kamen und gingen, Bremser saßen hinter ihren Schießbuden, von wo aus sie ihre Felle davonschwimmen sahen. Ich fürchte den Stoß meiner Trompete. Er zielte mitten ins Herz. Erste Augen mussten brechen, Handwurzeln ragten aus dem Erdreich. In ihm steckten Manschetten und bildeten Blüten. Der Himmel übergoss sich mit Tinte. Der Mond war aus seiner Höhle geplatzt, blutunterlaufen. Die Bläschen auf den Lippen der Sonne schienen markig. Etliche Äderchen rissen, der Mond wickelte sie von der Spule. Etliche Generalpausen bildeten Stolpersteine oder verschwanden auf der hinteren Seite des Mondes.

Die Weisen bleckten ihre Löwenzähne. Ich stieß mir die Hörner ab, ich sah sie nacheinander in der Autowaschanlage verschwinden. Die Kleider mussten wie die Koteletten etliche Kürzungen hinnehmen, dieselbe Kürzung widerfuhr den Posaunen an den Stoßstangen. Überhaupt sind die Menschen heute langlebiger, sogar die Pflücker. Sie stellen sich bei Ausbruch des Unwetters nicht mehr unter die Bäume, sie sind unbedachter. Ihre Busse zeigen öfter Völlegefühle, sie kommen nicht mehr so häufig vom Weg ab, sie lesen Häuserzeilen auch ohne Zuhilfenahme ihrer Schaugläser. Alle werden wesentlicher, schmäler Hüte, kühler Hauben. Nur die Pflücker lassen die Finger vom Stapel, ihre Handinnenflächen sind heller, die Noten Blüten, um die Hälse der Gelynchten zieht man Schlüsse, man öffnet die Schlünde, so wie man eine Flasche entkorkt. Wundert sich hier jemand über meine Verstimmung? Die Wörter flüchten Hals über Kopf. Es enthält sie der Schöpfer. Wir boppen in Minton's Spielhaus, und die Hörer fallen mit dem Kopf vornüber auf die Gabel. Aus lauter Dankbarkeit geben wir alles zu. Ich denke an den Süden. Dort fallen waschechte Stricke den Lynchopfern um den Hals, das heißt, wenn sie rotbäckig sind und noch nicht alles Blut aus ihrem Hals gewichen. Jungfrauenland, Georginen, Karolinen: Das Land wäre vermessen, von sich die Gleichheit zu fordern. Alles wäre im Vorhinein ausgemacht, so die Lampe mit dem Licht der Aufklärung. Ich wäre im Handumdrehen ein gemachter Mann. Ich würde mit der Milch gesäugt, um übers Wasser zu gehen. Auf dem Manuskript des Körpers stünde mir das Wasser bis zum Hals.

Es ginge hoch her und wäre umso tiefer bestürzt. Ich hatte Onkel mit der Mason-Dixon-Linie um den Hals. Sie verschwanden in der Phalanx der Kolben, die den Kukuruz ausmachten, und kamen doch nicht in die Gänge. Feldstecher waren scharf auf ihre Tanten. Sie lockerten die Schrauben und lockten mit Linsen. Sie waren die Einäugigen unter uns Blendern. Die Musik stieg wie Dunst aus den Feldern. Sie machte die Beine breit, um mit ihresgleichen Schritt zu halten. Die Schuhscheinbuben wischten gut Lack. Die Schlagtechniker brachten die Fuhrwerke in Schwung. Noch saßen die Nachfahren der Sklavenhalter auf den Böcken. Auch waren die Peitschen noch im Schwange.

Meine innere Kompassnadel zitterte. Sie sagte: In den mittleren Westen nur durch den äußersten Süden. In den mittleren Süden nur mit dem äußersten Widerwillen. Ich stand vor der inneren Auffassung welker Gärten. Meine Verhärtungen bildeten ausdrücklich Bürgersteige, über die meine Noten rollten. Einige von ihnen brachen sich beim Versuch, den Gemeinplatz zu queren, den Hals. Ich begann, die Untüchtigsten aus dem Verkehr zu ziehen. Die Fußfesseln waren kaum fingerdick. Abends gellte ein Pfiff durch die Plantage, und wir Ältesten nahmen die Füße in die Hand. Die Kiesel knirschten, als wollten sie ihr Bedauern ausdrücken. An den Stichtagen liefen Blut und Wasser zu gleichen Teilen aus den Seitenwunden. Mit dem Schwamm war es vorerst Essig. Wir badeten die Zunge ausgiebig, ehe wir sie schlafen legten. Die Muster der Tücher führten zu Erstickungen. Wir verschlangen die Schals, bloß weil uns unsere Hälse lieb waren. Hüte zirkulierten, indem sie den Umweg über die Luft nahmen. Die Lokomotiven, diese Dampfplauderer, steckten voller Blauröcke. Das Lokomotiv erklang, sein Signalpfiff flog über die fruchtbaren Ebenen, indem es sich konzentrisch fortpflanzte. Die Stare rissen sich aus der Versenkung; die Netzhaut löste sich von den Ententeichen und verstrickte auch uns übrige in ihre Masche. Das Schmierfett war Balsam auf der Seele. Die Furchen der Hände wurden zerpflückt, ich ging darüber mit meinen Fortfahren zu Rate. Selbst die Bäuche rückten, die Stare turnten auf den Überresten und stellten sich blind.

Allmählich lockerten sich die Fesseln. Der Ansporn mündete und gipfelte in einem Überbein. Meine Eltern konnten nunmehr daran denken, ihre Armut zu beteuern. Ihre Hände glitten wechselweise ineinander. Der Schaum vor dem Mund moussierte; die Sonne war an Gelbfieber erkrankt und leckte das Sumpfland von Louisiana trocken. Fruchtblasen erhärteten den dringenden Verdacht eines Mundes. Aus den Seitenarmen des Mississippi lief der Geifer. Der Strom selbst nahm auf den Sandbänken Platz, die frisch gestrichen waren und von selber keine Fahrt aufnahmen. Ich kugelte mich, obzwar nicht vor Lachen. Mein Stirnbein hätte ebenso gut Füße ausbilden können, der Schweiß war für traurige Tröpfe gut. Ich entsprang nur noch dem frommen Wunsch meiner Eltern. Meinesgleichen gehörte in das Larvenstadium. Die Walzen in den Klavieren waren glatt und dornenlos wie Kinderpopos.

Aus dem Trichter der Tubs sprangen schwül riechende Mäulchen hervor. Selbst die Klaviere klapperten mit ihren filzigen Zähnen. Sie beknirschten den Blues, der aus den abgestandenen Höhlen alter Zugwaggons herausgekrochen kam: Wir zählten die Hobos nach dem Hobokenverzeichnis und lasen sie uns von den Fingern ab. Die alten Karten aus den Südstaaten trieben es bunt, sie knisterten atlanten und wurden vom Winde verweht. Aus den Treibhäusern schoben sich die Spitzen der Gesellschaft, sie zählten nach Büscheln, etliche von ihnen waren noch grün hinter den Ohren, wieder andere kamen mit einem blauen Auge davon. Viele Hobos standen in einem Geruch. Vor ihren Stiefeln traten noch die Augen aus den Höhlen und wetteiferten mit dem Mond um den Glanz. Die Schuppen derjenigen rochen. Die Schuppen derjenigen Rochen glitzerten.

Allmählich sprangen die Gewässer in ihre Quellen zurück. Selbst der Speichelfluss machte kehrt und begab sich zurück zwischen die Zähne, damit die etwas zu beißen bekämen. Ich lag Mum und Dad auf der Zunge. Um besser zurückzurutschen, riss ich mich am Riemen. Die Lichter auf der Fahrbahn zogen die Krallen ein. Sie verkehrten umgehend mit den Laternen. Klar, ich lag auch den Vorläufern auf der Tasche. Die Hände krochen wie Polypen aus den Manschetten, um nach dem Rechten zu sehen. Ebenso spielte den Fingern ihr Umfeld in die Hände. Einige gelangten bis an den Rand der Elfenbeinküste. Dort erkletterten sie zügig die Klippen der Tasten. Anderen schoss das Blut unter den Nägeln hervor, das eben noch unter denselben gebrannt hatte. Das Meer nahm ein paar tiefe Löschzüge und spie die Lauernden schließlich aus, dorthin, wo die Tasten prima Wirbel bildeten. Ich blickte fragend auf, doch meine Mum bestätigte, dass es mit dem Staunen der Bauklötze seine Richtigkeit habe. Meine Vorfahren bildeten von da ab eine Schirmreihe: Immer neue Nestsassen wurden rittlings über den Pflanzungen geboren. Die Mütter hatten jeweils schwer zu schlucken, die Brandungswellen schwer zu kauen. Die Schwarmlinie bildete die sicherste Herangehensweise. Früchtchen verschwanden in den Strandkörben, die Sklaven verrichteten die Einlegearbeiten. Die ältesten Farmer machten Bäuerchen. In der flimmernden Luft der südlichen Staaten wurden die Beine langgezogen. Die Luft stieg über den Rand wulstiger Lippen. Regeln machten sich freier. Ein König und Gottesleiferer bekannte, etwas Wirkliches wäre ihm nicht im Traum eingefallen. Die Wangen ohnehin hohl. Die Zunge starrte verdutzt ins Leere, ihre Geschmäcker waren sofort verschieden. Mein Mundstück räumte Stellungsfehler ein. Sooft ich auch den Äther schlürfte, ich bekam den Mund nicht voll. Die Zunge stieß sich an ihren Widersachern und vibrierte. Die Luft war ihr nicht gewachsen, sondern entwich geradewegs, in der Maske der Musik. Eines der vier Elemente hielt eine Standpauke, packte sie an den widerstrebenden Beinen und schleuderte sie an den Klippenrand. Das, was ihr scheinbar innewohnte, entwich dort. Es hinterließ

Einen Sprung in der Zeile. Meine Eltern waren beide umgänglich. Stellen an ihnen waren sogar empfänglich. Beide schieden dahin und dorthin. Ich selbst bekam relativ spät Oberwasser. Tränen gingen auf reisige Besen. Manche von ihnen saßen so fest, dass sie oszillierten, wieder andere flogen mir nur so um die Ohren. Einige Reis-Enden verzweigten sich zig hundertfach, Reis wurde hochgehoben und ausgestreut, wie eine Nachricht, die Vermehlten wurden zu ein- und demselben Brot gebacken, woraufhin ihre Laiber miteinander verschmolzen. Kinder wie ich wurden gesondert betrachtet, vor allem, da ich unter der Bauchdecke lag und kein Zug Atemluft den Trichter füllte. Ich leckte mir noch nicht einmal die Lippen, briet mir auch keinen Storch – der war schließlich aus freieren Stücken zu uns gekommen. In die Freude über meine Ankunft kneteten Eltern und Anverwandte den Sauerteig des Bedauerns. Stricknadeln wurden wie Anklagen gegen mich erhoben. Schlagzeugstöcke tanzten auf meinem Buckel, um mir eine Wahrheit einzubläuen, die gegen mich gerichtet war. Ich schlug gegen das Becken und verlor umgehend das Bewusstsein.

Die Vorfahren des Menschen betraten grinsend die Bühne. Sie erhoben die Fäuste, wie um aus ihnen zu trinken. (Sie taten nur so, mit ihren Quellenangaben.) Ich lief aus dem Ruder, also mehr seitlich, während die Dumpfbacken mehr Dampf buken, der obenaus entwich. Mauersegler krachten gegen die Einfriedung. Die Schauer überliefen mich wie ganz gewöhnliche Gaffer. Ich lächelte, und meine Widersacher waren bis an die Zähne entwaffnet. Werkzeuge aus schwankem Rohr wechselten den Besitzer. Ich machte die Sonne aus, so wie man halt einen

Gegenstand ausmacht, und himmelte sie an. Knochen mit Kerben glitten zurück in ihre Körbe, weiß wie frisch gezapfte Milch, die noch im Bart ihres Erzeugers hing. Die Gegenstände entschlugen sich ihrer Hinneigung zu wiederholbaren Formen. Sie machten Eindruck auf mich, um wenigstens irgendwo ein Zeugnis zu hinterlassen. Selbst Hinterwäldler und andere Bergler kletterten über die Ahnenpässe. Mütter schwangen Stöcke, sie erkannten sich und ihresgleichen in den Spiegeleiern wieder. In den Nestern herrschte Aufbruchsstimmung. Kleinkinder bezogen in den Krippen Wurfgeschosse, die sie nach ihrem eigenen Gutdünken aus- oder einkleideten. Manche Beine liefen wie aufgezogen. Sie hinterließen statt eines besseren Eindrucks lediglich Blitz und Donner. Knurrhähne scharrten in den Zwingern. Selbst honorige Leute waren erbsengroß. Die Unterhaltungsindustrie steckte in den Kinderschuhen. Nahm sie Fahrt auf, geriet sie zwangsläufig außer sich. Die Tschinellenbäume hatten davon Wind bekommen. Sie legten die Ohren an. Sie verwandelten die Früchtchen in Reifen. Klapperstörche gehörten zum Altenteil, sie blieben in die Höhe geschossen und doch auf sich allein gestellt. Auch andere Höhergestellte drückten sich geschraubt aus. Ich war jetzt kaum linsengroß und verlangte nach einem einfachen Brillengestell. Der Glaskörper hatte eine Lösung gefunden, er lag dem Auge auf der Tasche, ohne dieses zur Öffnung zu bewegen. Ich lief wie am Schnürchen und geriet folglich an den Punkt absoluten Beginnens. Die Tasche log. Gewisse Keime hielten mit sich hinterm Berg. Tante und Onkel waren jeweils kaum größer als Mutters Mal. Ich schrie, denn ich hatte mir gerade einen Schiefer eingezogen. Durch meine Zehen lief der Frost wie eine Nachricht, die sich nach allen Richtungen verbreitet. Einige Nachtclubbesitzer waren echte Warmblüter. Sie warfen das Radio an, und es lief in Strömen. Sein Geknister hob sich von den üblichen Flugapparaten ab. Immer häufiger brandeten die Kurzwellen in mein Mittelohr. So erhob ich mich aus den Trümmern meines Säuglingsalters. Die See lockte mich von allen Seiten trocken. Meine Zunge leckte und ging unter die Leute, darunter einige nahe Verwandte, oder auch solche, die ich mir gefügig machte. Das mit günstig stimmte. Meeresbewohner gerieten aus dem Häuschen. Ich entdeckte von der Ferne Boote, man musste sie zu Ader gelassen haben. Es stand dort Standort. Man hatte sie viel zu Ader gelassen, das heißt, ihr war der Faden gerissen, und ich stand nackt, wie Gott mich erschaffen, noch ohne Bedeckung durch den Heiligen Geist, während in mir bereits der Geist des Aufruhrs keimte. Ich gähnte, meine Stimmungen wurden offener, meine Taue Kappen. Ich blickte in den Blutzuckerspiegel und erkannte mich augenblicklich wieder. Dem Flusslauf folgten die Boote der Überlieferung: Sie schwankten unter dem Eindruck der Sinneserfahrungen, oder sie gerieten in ungerade Takte, wie in eine schlechte Gesellschaft. Tönungen litten unter der Elektrifizierung, die Haut plackte sich ab, das Haar dunkelte nach und fiel in Pechsträhnen herunter.

Ich war jung und nahm es auf die leichte Schulter. Ich kam zu meinesgleichen durch anhaltende Besinnung. Unter Zuhilfenahme meiner Vorstellungskraft sprang das Fleisch zurück an die Knochen. Die Wildenten kamen und gingen, ganze Landzungen standen unter Gänsefüßen; Sümpfe wurden trocken gelegt wie Patiencen; ihrer wichtigste gingen auf wie Sonnen, die über Spieltische rollen. In den Knopflöchern glänzten Jetons. Anderen schien die Sonne aus dem Arsch, wieder anderen aus dem Arsch herauszukriechen. Ich kam auf meine Hörer zurück, sie bildeten für mich eine liebe Gewohnheit. Doch einige Rückbilder waren noch tiefer verankert – Stammesgeschichten bäumten sich auf, von hier aus verzweigte sich auch meine eigene Ansichtssache. Ich beruhte auf Hörensagen, oder ließ es darauf beruhen! Ich stand sinnend vor den Standbildern reiner

Abstraktion. Das Dreieck aus Vater-Mutter-Kind besaß mächtige Schenkel; an ihrem Ursprung riskierte jemand eine dicke Lippe. Die Anspannung war kaum mehr auszuhalten. Ich erwog die Zuteilung natürlicher Anlagen und erkannte das mütterliche Erbteil. Mir schoss insgeheim die Röte ins Gesicht, und ich stieg in den hohen Mittag ein, wie in die Gondel einer azurblauen Bahn. An der Spitze droben erwartete mich bereits meinesgleichen, das heißt, ich geriet auch unter solche Räder, die von vornherein keinen Sonnen ebenbürtig waren. Mir begegneten genügend Armleuchter; einige von ihnen verschwanden noch tiefer in der Vergangenheit als ganz gewöhnliche Vorfahren. Selbstbilder bestätigten mich in meinen vorläufigen Annahmen. Ich gehörte einem Volksstamm zu, erschöpfte mich jedoch nicht darin. Ich war auf dem Sprung zum Fingersatz. Ich sah die Eisenbahnarbeiter beim Legen der Schwielen. Auch andere Mütter hatten schöne Schrauben, meine war an natürliche Grenzen gestoßen, also hielt sie an sich, was ihr Mann, der Zahnarzt, an sich zog.

Ich sprang auf Züge, die deutlich vorgeprägt waren. Sie hatten sich in eine Landschaft voller Nasen und Wangen gekerbt. Der Bart spross und entließ Distelblüten in den aufgewirbelten Staub. Die Signalkellen an den weichen Stellen waren mit Därmen bespannt. Das brachte Saiten in mir zum Klingen, die andere vor mir aufgezogen hatten: Landstreicher oder Schiffszieher, die den Landstrich entlangliefen oder an den Magnolien schnupperten, die aus dem Sumpf emporstiegen wie eitrige Pickel. Zwölftakter liefen schnurrend ab. Auch sie waren wie aufgezogen, oder brachten die Mundharfe zum Klingen, in die sie kleine Löcher gebohrt hatten, um sich an ihr – und mit ihr – zu vergehen. Triller prallten an das musikalische Leergut. Sonne, Mond und Sterne hingen wie schwere Schinken von der Decke. Der Unmut entzündete sich lauthals. Die Sonne stand vor verschlossenen Fabrikstoren, der Mississippi wischte sich den Mund am Ärmel des Ufers ab. Der Radampfer spross und trieb immer neue Blüten. Klampfer trieben ihr Unwesen. Sie hatten Namen wie Führungsbauch oder wurden als „leuchtende" bezeichnet. Sie stellten zu allen Gelegenheiten zahlreiche Lauscher auf, die ihnen wie Kluppen an den Lippen hingen. Ich kannte eine Menge Kluppbesitzer, und sie alle spannten Leinen, an denen die Leintücher hingen, als hätten sie Zutrauen zu ihnen gefasst. Oder es überrieselte sie, weil der Wind nach ihnen fasste, die Magnolien betäubend dufteten, und das Gras an den Spitzen feucht wurde.

Oder die Leuchtreklame vor dem Motel sprang an wie ein Hund voller Wiedersehensfreude (es gibt kein Ithaka im Mississippi-Delta). Ich schritt über den Läufer in der Eingangshalle, er maß kaum eine Handtuchbreite und überholte mich ohne die geringste Anstrengung. Donner und Blitz grollten, und ich erblickte am Grund des Glases eine Ursache. Das Eis schlug gegen die Reling, als ob es Zwölf geworden wäre. Kein Tisch im Umkreis war besetzt. Locker von Hocker wisperten, sie stimmten den Gesang der Sirenen an. Diese Bar war der Heuler. Ich presste meine kargen Erinnerungen durch das Nadelöhr des Mythos. Durch Landstreicher ging die Aussicht verloren, ich begnügte mich mit Schautafeln, oder ich ließ mir schildern. Es hieß: Wage Andeutungen! Ich überwand Durststrecken trockenen Fußes. Ich mietete mich ein. Das erzeugte Kammerflimmern. Ich war arm. Das erreichte den Durchblick. Es reichte den Bildern, und zwar die erforderliche Knetmasse. Mein Auge ist eine berühmte Wahrsagerin. Nur manchmal leidet es an Eintrübungen seines Glaskörpers. Dann tritt es aus seiner Höhle wie ein gewaltiger Urmensch. Tritt es aus! Es gehört gehört und misst die entsprechende Wellenlänge. Die Urmeere schlagen gegen das Ufer wie auf eine Trommel.

Ich blase die Zündkerze aus. Mich bläst der Zündmechanismus aus. Wir saßen in den Sumpfgebieten auf Kirchenbänken. Wir betätigten die Schleusen, sodass die Tränenströme bergauf flossen. Wir richteten die Mündungen nach oben. Die Bänke, so naheliegend sie schienen, waren echt hart. An ihre Tränken begab sich höchstens, wem das Wasser im Mund zusammenlief. Umso flüssiger die Aussprache der allergewöhnlichsten Dinge. East St. Louis. Mums Hut mit den kolorierten Bändern. Eine Tante, die mit Nachnamen „Urlaub" hieß. Auf meiner Zehrung saßen Bremsen wie in einem Automobil. Sie glitzerten blau, weshalb sie kaum gegen die Urmeere abfielen, und weil Bremsen keine Küsten sind. Sie werden aus sich selbst heraus zu lästigen Begleitern, in etwa so wie die Tanzmusik, die an ihrer statt aus dem Äther quillt.

Mein Grauhund fuhr der Schablone nach. Ich hatte mich zum aufrechten Gang entschlossen, so wie andere zu reichen Besitztümern. Bäume flogen vorüber am Fenster, der Wind übertrieb es mit dem Sand und lockerte seine Hose. Es war, als ob es die Sesshaftigkeit selbst gewesen wäre, die sich hier ihr Stuhlbein brach. Allmählich traten die Eindrücke von Häusern zu Städten zusammen. Sobald eine ihrer Mauerkronen brach, bat Dad in den Zahnarztstuhl. Ich werde nie vergessen, wie meine Eltern zum ersten Mal ausgingen, wie Farben beim Waschen, oder beim Schleudern. Ich sah ihre Stühle beim Rücken, wie Lehnen. Flugtiere versandeten. Holzklassen wünschten ihrem Lehrer, dem Wald, einen guten Morgen. Die fruchtbaren Tiefebenen vertrockneten, sie bildeten Savannen oder ältliche Gouvernanten, die gewürfelte Tischdecken aus den Flechtkörben hervorzauberten, auf denen sie Süßkartoffeln anbauten oder ihre guten Manieren vergaßen. Schicksale begannen sich vorzusehen, oder sie sahen für andere dasjenige vor, was ihnen selbst zu minder war. Lebenswege zeichneten sich ab. So glichen sie einander aufs Haar. Schäfchen blieben zählig. Bier wurde im Unmaß genossen. Die Lösungen der Familienbande machten freier; man nannte sie Sprösse, indem man das Vorkommen in Leitern für nützlich erachtete. Blau bin ich Säugling, dem die Nabelschnur bis zum Hals steht. Ich könnte mich erwürgen. In meiner Mutter Gesicht wetteifern Blau und Schwarz miteinander. Ich erblicke das Licht der Welt, und man trägt über mich die Oberhand davon, so als solle sie mich beschützen. Die Geburtshelfer feiern Fronleichnam. Kaum geboren, steht mir der Tod bis da. Ich halte meine Geburt für eine nützliche Erfindung. Über meinem Geburtsort wird tatsächlich eine Vergnügungsstätte errichtet. Sie besteht aus Haut und Knochen. Ich bin mit Atmung geschlagen. Gebe ich mich geschlagen, fange ich an zu schreien. Jetzt besitze ich Sitz – den meines Mundstückes – und Stimme. Stimmig gebe ich Laut, näher dem Sitz meiner Kleidung. Bloß nicht.

Meine Wenigkeit gerät unter die Löschwiege. Störche, die mich doch soeben gebracht haben, wollen mich ausstechen, wie einen Ziegel Torf. Die Milchzufuhr wird unterbunden, ich gerate in ein Abseits voller Rasseln und hirnverbrannter Gerüche. Mum drehte sich um und erstarrte zur Wirbelsäule. Stammbäume gerieten wie von selbst ins Hintertreffen, und ich entwickelte unter Luftabschluss die dazugehörigen Bilder. Blasen stiegen auf, ohne Steigbügel zu benützen. Der Klepper des Fortschritts erreichte das nächstgelegene Gehöft, auf dessen Veranda der indigoblaue Mond eine Tonpfeife rauchte, mit der er Kringel auf das Fettpapier schrieb. Der Kerl auf der Veranda machte freundliche Nasenlöcher. Die Schrotflinte lag ihm quer über den Schenkeln, so als durchkreuze sie Pläne, die erst mählich heranreifen. In Wirklichkeit waren sie nur verkehrt. Seine Gesichtspunkte schlossen Hühner ein, und er zog eine Verbindungslinie wie durch eine Wäscheleine.

Bald schon waren meine Vorhaben im Anzug. Ich ließ mir von Mum und Dad etwas vorstrecken, damit ich etwas hatte, wonach ich haschen konnte. Ich stand in ihrer Schuld wie in einem fest umrissenen Schatten. Schwarze Kiefern aus reichem Hause streckten ihre Fühler nach mir aus. Ich verführe anders, wusste mir aber keine Begründung im Indikativ. Menschen wie Tiere verrichteten über modalen Gittern ihre Notdurft. Die Becken liefen aus, nur um sich fortzupflanzen. Ich schob es auf, und ich schob es auf mich. Ich bildete plötzlich den Anfang und das Ende, dazwischen funkte ich, blähte die Nüstern und entlud ein Maul voll. Vor meinen Augen entstand plötzlich die Firma des Christoph Kolumbus, und in ihr liefen Bänder, so wie Käfer krabbeln, und das Wachs schloss die Ohren gegen Eindringlinge ab. Die Horchposter stellten die Lauscher auf

Doch der Faden ist zu dünn. Bei einem Öhr hinein, bei einem anderen hinaus. Die Kopffüßer suchten nach Einwänden. Auch ich stand Kopf, bloß um die Geburtenfolge umzukehren. Ich schnitt mir Mum und Dad buchstäblich aus der Wade. Ich las Geburtsurkunden verkehrt herum, mein zitronengelber Ferrari verkehrt herum; mir standen die Haare zu Berg, ich stand zum brennenden Dornbusch, wie man möchte, zu einigen meiner Vorfahren im rechten Winkel. Ich hatte Vorfahren, und ich hatte Vorfahrt. Die Reifen drehten durch, ebenso die noch nicht vollends zur Reife Geführten. Eben hatten die Bäume ihre Kerzen entzündet, schon hingen Früchte schwer von ihnen ab, oder lagen ihnen geradewegs auf der Tasche. Die Blöße, die sich jemand gab, bedurfte der Schonung. Schon saß Onkel Tom auf einer Lichtung, sein Schaukelstuhl sammelte Speichen im Mund zusammen, ihre Hölzer verliefen im Nichts. Ich konnte mich noch so tief lebendig begraben, schon hing mir etwas beim Hals heraus. Ich stammelte, wenn ich mich durch etwas angesprochen fühlte. Überhaupt wurden Ansprüche gestellt; ein Bund

Schlüssel flog in meine Hände, der Wagen schnurrte wie eine geschlechtsreife Katze.

Ich gelangte auf die freie Wildbahn, nur mein Vehikel fühlte sich öfter zurückgesetzt. Mit jeder Verbeugung geriet ich tiefer in den Schlamassel, dabei nahm ich den Mund voll, was das Zeug hielt. Es regnete Blaue Valentinen; der Mond stand blau auf hektographiertem Papier, dabei hing er wie eine Wimper in den Zucker. Ich betrat die Bühne, und das Licht röhrte wie ein Hirsch. Der Horizont begann zu fliehen, er floh mich und meinesgleichen wie ein blutiger Anfänger. Er pumpte frisches Zinnober in die Kanüle der Straßen und behielt etwas zurück. Er lehrte mich etwas vor die Füße, wovon ich nur Aufhebens machen musste. Das Geld log buchstäblich auf der Straße, sobald ich den Mund nur aufsperrte. Die Erdzeitalter wechselten schneller, als es die Währung wahrhaben wollte. Die Erde machte sich mit ihren Früchten bezahlt und mit ihrem Kleinvieh. Ich sei Neger und müsste mit dem Kleinvieh durch die Hintertüre! Ich schob mich also durch die Klappe, die ich nur aufzusperren brauchte. Schon kam ich auf die Füße. Ich landete auf den ersten Plätzen und kassierte für einen wie mich nicht schlecht. Doch schon wieder Schrumpfung, nichts als Ausdünnung. Ich schlichtete die widerstreitenden Gefühle. Alles in mir drängte auf die Bühne, stieß sich jedoch an der Pforte, an ihrer Vorsätzlichkeit. Sie fiel mir als Erstes ins Auge, und ich nahm Reißaus, indem ich sie an ihrer Schwelle packte. Im Wesentlichen bestand sie nur aus einer Leuchtreklame, die ihren Betrachtern zuzwinkerte, sich ansonsten um den Einlass nicht kümmerte, auch nicht solcher trauriger Gestalten wie mich. Ich stand mir also selbst im Wege, sobald ich mit mir selbst, im Wege der Reklame, kokettierte. Wie gerne wäre ich mir selbst auf den Leim gegangen; wäre zu meinem eigenen Werbespruch geworden, allein durch Nennung einer Bezeichnung, die als mein Name einging, wie ein zu heiß gewaschenes Stück Wohl-Wolle. So war ich, so hieß ich, so hieß man mich Eigenschaften annehmen, wie das Trompete-Blasen. Ich schlage Haken wie andere ihre Ehefrauen; ich blase aber auch Trübsal, wie zur Bestätigung schlechter Angewohnheiten. Ich stecke mir das Pulver, das ich auch nicht erfunden habe, in die Nase. Ich ziehe es hoch, bis es auf die schiefe Blutbahn gerät. Der Zerfall einfacher Lebensformen bildete ein unscheinbares Granulat. Nach einer Einnahme, etwa im Sturm, gerate ich außer mir. Ich applaudiere einzelnen Tönungen, je weniger annehmisch sie sind, es treibt mich die Röte, ich heiße sie im Antlitz Platz zu nehmen, und zwar schlagartig. Wieder dieses Schnalzen, nicht von Zungen, sondern von Peitschen. Dieses Flimmern von Pantoffeltieren, unter denen ich als Schwarzer stehe, oder jemandem zu stehen komme. Dann gehöre ich eben einem solchen Sklavenhalter!

Ich beteuere mich. Hier komme ich mir zu stehen und kann nicht anders. Ich stehe in großen Lettern, bin also etwas plakativ geraten. Ich überziehe mich förmlich mit den Ansagen meiner selbst; in Stellvertretung eines der beiden Hörner, die mir wachsen. Der Sand des Südens kriecht in die kleinsten Ritzen und Fugen. Gerade letztere beginnen sich umso öfter zu wiederholen. Sie stehen unter dem Zwang, sich umso gereizter auszudrücken, je öfter man sie kitzelt. Die Hörner schüttelten die Becher, wie um sie zu verneinen, oder um ihren eigenen Glanz zu beweihräuchern. Der Ton, den ich meine, passt auf die Spitze einer Nadel. Ich frage, auf was hinauf. Um an die absolute Spitze zu gelangen, muss es schwingen. Die kreolischen Hütten erzittern, wie unter dem Anprall einer Luftsäule. Die Böden der Windhosen flattern. Ich setze mich auf einen dieser Böden und warte auf das Eintreffen von Schallwellen. Nenne es die Stadt Atlantik oder die Stadt Basston: Überall pfeift sich der Wind was, schleicht durch den Teegarten, oder er ankert in einer der Höhlen als sein eigenes Gleichnis. Dann brandet er als Applaus hoch, und ich trage die Zustimmung als Brandzeichen im Gesicht. Ich heiße König Marke. Leider Gottes spielen mir die Sichelzellen einen Streich

(und ich hörte die Gegenstände, die Häuser und solche, die sich aus den Fenstern lehnten, heulen wie ganz besondere Vorstehhunde).

Die Zellen zerfielen, als wären sie untereinander zerstritten, oder schlimmer noch: als bärgen sie Streit im Busen. Die Farbe Schwarz lief aus wie eine festgesetzte Frist. Ein trat die Tag- und Nachtbleiche. Mit den Pegelständen fielen auch ihre Farbanteile. Blaustiche wurden ärztlich versorgt, Blaumeisen über den Klee verschoben, so lange, bis er grün geworden war. Die ersten Azetatlösungen gerieten in Umlauf. Man warf ihresgleichen wie Perlen vor die Schweine. Haushunde winselten vor Erschütterung. Bleienten erhoben sich aus freien Stücken und strahlten mit der Sonne um die Wette. Die Watte in den Tieren knisterte. Die großen Gruppen dieser Tage waren Herden, die aasen. Einige wurden erlegt wie größte aufzubringende Summen. Auch ich musste, wiewohl menschlich von Kopf bis Fuß, eine bescheidene Kaution hinterlegen. Meine Mutter kostete ich ihre Verschlossenheit. Dad verpfändete meinetwegen sein Junggesellentum. Ich selbst stand mit einem Fuß in der Kreide, den anderen kriegte ich in die Tür. Ich stand auf Zehenspitzen, anderen waren Brüste und Hintern weitaus wichtiger. Ich stahl mich eisern davon. Für mein Fersengeld plante ich jeden einzelnen Auftritt im Voraus. Ich stieg wie ein gewisser anzunehmender Wert, aber aus den Bussen auch aus. Man könnte mein Weiterkommen durchaus als Fortschritt bezeichnen, vor allem wenn man, wie eine gute Wäsche, die Gattung zugrunde legt. Ich schlüpfte in die Handelsposten und wurde darüber selbst einer. Ich kratzte die Aufmerksamkeit der Leute zusammen wie die kleinste anzunehmende Summe. Der Anhang zählte nach Hundertschaften, nach mit der Hand geschöpftem Papier. Die Zellen wucherten freilich nur, als die Polizei einschritt. Die Fäuste flogen im Zug der Kraniche. Darin bekundete sich ihre Spielfreude. Ich fing also an, Klappen zu drücken, die anders nicht mehr zu halten waren. Ich pfiff aus einem der letzten Löcher und war doch gerade erst aufgestanden, etwa so, wie sich etwas Gesalbtes aus der Kuhle erhebt. Die besten Sachen wurden in die Bettpfanne gehauen, zum Beispiel die Einnahmen. Ich war häufig so von mir eingenommen, ich zuckte mit den Wimpern. Mit ihnen strich ich über die Felle, sie wurden von mir erschüttert und zitterten in den Kesseln, wie um ein Wasser erleichtert.

Ich intonierte fremde Weisen. Ich pflichtete mir bei. Ich stand in allerhand Gerüchen, lüftete aus bei mir, ich zog Mützen ab, erlag fremden Wiesen und hörte daraufhin Zwischensummen. Die Busse sprangen zurück auf die Hochwege; sie kläfften dabei, schlugen mit den Lefzen nach Randsteinen. Sie schnupperten in den Schnürsenken nach neuen Bahnhöfen. Sie rasten, und sie rasteten. Wir stillen Brüter hielten uns zurück. Die Wüsten waren auch nicht besser als die Lammfrommen, und im Grunde ist es so bis heute geblieben. Ich sah Vogelkot in den hintersten Winkeln der Verreinigten Staaten. So standen die Quäker bei mir in der Kreide. Ich pflanzte mich überall hin. Schließlich war ich immer schon dort gewesen. Die Motelzimmer, in Lackfarbe erstarrt, Fensterbänke, auf denen Ärmelschoner Fahrt aufnahmen. Vorhangschlösser, aber von innen aus betrachtet. Ein Schwanenstein, das Flugtier namens Gasoline. Ich sah die Schnürsenkel der Lichter (auch so wird ein Schuh daraus). Die durchbohrten Ohrläppchen der Reklameschilder. Plus Grade. Die Verneigungen der Baufälligkeit. Mein guter Name saß in der Tinte. Mein Kreuzer aß Kreide. Er schluckt bis heute Mittelstreifen, die wie Pinguine von der Klippe springen. Einer nach dem anderen stoßen sie sich ab. Unter Motors Haube gelangen sie zur Ruh'. Vorne, im Polstersitz, ist Klippenort Braun. Er liegt ein Mundstück weit von mir entfernt. Er seufzt laut. Er ist die Lauterkeit selbst. Sein Ton, aus dem ihn kein Schöpfer geformt hat. Sein Ton gehört einzig und allein ihm. In einer Schnurre läuft sein Auto. Es hat den Hochweg gewählt, so wie jemand anderer vielleicht auf die schiefe Bahn geraten wäre. Das Gerät schüttelt sein Blechkleid aus in der Stille der Nacht. Es rollt wie Murmeln in der Bahn. Die Fahrerkabine bildet den blassen Tropfen einer Wasserwaage. Der Stoßdämpfer macht, dass es undeutlich wird. Die Story kommt nicht in die Gänge. Zwischen zwei Gangfenstern

Black

Bleck

Die Story hat mich offenbar aus der Kurve getragen. Die Stimme hinter dem Rohrblatt ist erloschen. Aus der Asche erhebt sich Phoenix (Arizona), oder ein anderer sozialer Brandherd. Klippenort Braun wird nie mehr angesteuert werden. Die Reifen starren in die Luft, als hätte sie jemand, beispielsweise ein Baum, in der Krone. Die Kühlergrille zirpen. Hunde schlagen gut an. Sie legen sich ins Zeug ihrer Leinen, als gäbe es für sie kein Morgen.

Allein schon in der Lunge konnte er sich ein paar Liter Luft sparen. Die hätte er gerne in das Knochengerüst gesteckt, in die Natur seiner Veranlagung. Leute wie Klippenort oder ich schmettern zu Boden. Wir halten unsere Becher nach unten gerichtet. Uns bleibt die Spucke weg. Die trockene Mündung des Mississippi. Unsere Lippen umspielt ein halluziniertes Blau, ebenso unsere Verlockungen, die uns angeboren sind. Uns Bläser hat man in der Mehrzahl überzeugt. Wir bilden seit der Frühzeit Verbände, die wir wechseln, ausgekochte Halunken, mit denen wir Wickel haben. Doch ich mache jetzt einen Bläsersatz nach vorne. Klippenort war tot, aus denselben, ewigen Jagdgründen. Eben noch war er im Saft gestanden, der floss jetzt sukzessive aus ihm heraus. Er stand uns noch in seiner Abhandenheit vor Augen.

Das Licht der vielen Straßenlaternen gerät nacheinander außer sich. Ich stecke mein ganzes Vermögen, mein gesamtes Vermächtnis in das weiße Pulver. Ich ziehe es die Nase hoch und den anderen Flussarm wieder hinunter. Ich selbst werde immer flussärmer. Bin dabei schauerlicher. Ich ziehe mir Vorhänge zu, wie andere sich einen Schnupfen. Plötzlich habe ich das Weiße aus den Augen mit Löffeln gefressen. Es steht mir dorthin, wo die Vorhänge zusammenfallen und die Sticheleien kein Ende nehmen. Die Stoffe fließen wie reinstes Alpaka. Ich bin erwacht und sitze meinem Cabrio auf, wie einer Art opt. Täuschung. Ich achte auf den Humbug jedes meiner Hosenbeine, es steht die Gewähr bei Fuß, ich würde den Hosenbund schließen, wie eine Kneipe oder eine Badeanstalt. Ich gehe nicht mehr aus dem Haus des Seins. Ich gehe nicht mehr aus wie zu heiß gekochte Wäsche. Lieber noch falte ich mich zusammen und bügle mich nieder. Die Plantagenbesitzer hatten früher eigene Hosenträger, die die Beinkleider an ihrer statt eingingen. Aber Hosen sind auch nicht die Hellsten. Flüchtige Sklaven hielten sich auf den Hosenböden versteckt, sie leierten sich ihr gutes Recht aus der Hüfte. Heute leben sie in Kästen, denen man die Räder amputiert hat. Die Stümpfe? Sind mit Rost überzogen. Kojoten sind die Heuler.

Sie sehen uns Schwarze, schon haben sie die Schnauze voll. Sie blamieren uns bis auf die Knochen, einige haben sie zum Fressen gern, dann winseln sie: wie hoch der Mond? Von mir aus könnte es ewig so weitergehen. Ich sitze vor dem zugezogenen Himmel, mit den zugezogenen Wolken. Ich stelle mich selbst anheim, wie einen returnierten Brief mit unleserlicher Anschrift. Ich wäre mir selbst aus den Wolken gefallen, brennheißes Brot, doch ohne die dazugehörigen Zähne. Ich teile die Vorhänge wie das Meer. Deshalb auch die Ansicht. Am Fensterglas gehen meine Tränen den Bach hinunter. Sie hängen mir nach, und ich sehe, wie sich Schwarze aus dem Staub machen, der jetzt nass ist. Sie schultern ihre Kindereien, sogar jemand wie ich packt seine Vergangenheit, die Erinnerung an Ludwig Waffenstark; dessen Augen kamen bei jedem Stoß rot angelaufen, sie trauten ihren Höhlen nicht und rollten schließlich die Tonleitern hinunter. An deren Füßen bekamen wir sie zu fassen, Jünglinge im Feuerofen des Be und des Bop. Dazu entblößte Waffenstark sein vom Gelbstich entzündetes Gebiss. Es stand als Laterne gleich oben neben dem Mond. Es hing gut lesbar von Wurzeln ab, die sie mit ihrem Besitzer verbanden, der vor Freude strahlte. Er hob an zu schmachten. Es waren seine Hörer, die Ludwigs Schmacht an seiner statt erlitten. Sie nahmen sie sich zu Herzen und teilten sie Wildfremden mit, solchen, die ihnen ihre Ohren liehen, indem sie sie ihnen vorstreckten. Es dauert Sekunden, bis Waffenstarks Gesicht zerfließt. Es steht vor Augen wie ein besonders guter Vorgesetzter. Es herrscht auch uns Pflücker an, oder es lässt uns die Peitsche schmecken, mangels Leckereien. Diese bringen uns Sticheleien ein. Wer nicht spurt, den lassen sie über die Schnur springen. Es rechnet sich für sie, von uns und unseren Kollegen die Haut abzuziehen. Übrig bleiben ausgekochte Halunken.

Als ich das Unglück sah, packte ich mein Knochenbündel. Ich machte mich aus Knete, sodass mir die Spucke wegblieb. Ich sah

Züge wie von Antlitzen; meine Augen übersprangen prompt ein paar Waggons, ich unterschied Antriebsarten, und wie Dampf geplaudert wurde.

Waffenstarks Gesicht steckt voller guter Einfälle, solcher des Lichts oder des Heliums. Dieses befördert die Stimme ein Stockwerk weiter hinauf, von wo aus sie gute Aussichten hat, etwa diejenige, groß herauszukommen, eine Wanderniere oder ein zu entbindendes Kalb. Manchmal entgleisen die Züge auch. Dann stand der Rost in den Augen, wie eine zu rote Monilia. (Wieder eine, die angelaufen kommt.) Zugleich blies Ludwig die Backen auf. Speichel floss durch das Spalier der Zähne, wie um sich aufzumachen. Er verjüngte sich durch den Hals der Trompete. Seinesgleichen findet Zulauf. Das Blasinstrument behält ihn in der Hinterhand. Hat es zwei, die Klappen. Ludwigs Auge guckt in die Röhre. Es vermeint, den Braten zu riechen. Die Pupille wittert, weil sie eine Nase dafür hat. Satchmos Glaskörper fällt aus allen Wolken. Jeder Blick ein Hagelkorn, jedes seiner Augen taubeneigroß. Es fällt jemandem in den Schoß. Es gerät auf die schiefe Bahn, oder läuft, wie anderen das Wasser, im Mund zusammen. Hätten sie die Güter.

Selbst die Bahnhöfe haben Blaupause. Jetzt fallen auch noch die Signallichter aus. An den Kreuzungen von Mond und Hund stocken die Ahnenketten. Die Triebe an den Bäumen geben den Ausschlag. Der Bop kocht und schmilzt das Kupfer in den Legierungen. Die Wüsten sind innen leer und versanden. In den Sommernächten Triolenketten an den Glyzinien. Buchen in den Zentralparks lassen die Muskeln spielen. Heuler ziehen durch die Vorstädte. Auch ich habe mich mit Unterdrückern wie der gewöhnlichen Atemluft ausgesöhnt. Mein Wohlergehen zählt unter den Druckabfall. Ich strande. Der Mond blüht. Die Quäker in den Sümpfen. Ich schlüpfe die Blutbahn hoch, berühre

Aorten und Borten. Ich bemerke Algen und Bälger, die Lichter fallen von den Fenstern wie Einsichten, es klappt. Ich folge den Pfeilern an der Bruchlinienbrücke. Sie schwingt, ich streiche sie mit dem jazzenen Besen. Ihre Ausläufer bestenfalls wie eine Schar Welpen. Zu ihren Füßen Wechselstrom. Signallichter springen an mit gefletschten Zähnen. Busse tun. Die Häufungen von Zwischenfällen wie Stuhlreihen. Ausdrücklich Züge, von „Express".

Der Rest ist rasch erzählt. Diese Zellanhäufungen. Ich hatte nichts mehr auf den Rippen sitzen. Die Hand von Bill Evans aus dem Ärmelkanal. Er war am Drücker. Bill zündete rasch und gab den Löffel ab. Dem war die Lösung siedend heiß eingefallen. In der Kuhle stand Schmiere, etwa wie ein Hinweis auf der Handinnenfläche, der Sud klar wie Kloßbrühe. Bill bekam die Manschetten; er wurde erst auf eine Art blau, dann schoss ihm die richtige Lösung förmlich ein. Er bildete die Blaupause für alles Folgende. Seitdem pflücken wir angefaulte Früchte vom Quintenbaum. Sätzlinge tauchten auf, wie Braubäcker, der Schüler von Kuh auf dem Dach. Nimm Fünf, schien er die Finger einer seiner Hände aufzufordern. Sein Blick glitt über jeden Gegenstand, bereit, von ihm abzufallen wie die Vereinigten Niederlande. Kurzsichtigen wird die ganze Welt zum Schwimmverband! Jedes Auge ist an seiner Herstellung beteiligt, es gibt jedwedes, auch durchscheinendes, aus Glas. Die Ohren ducken sich unter den Bügeln. Sie verzerren sich nach einer Geräuschwahrnehmung. Alle Menschen üben Nachsicht. Darum auch betrachten sie ihre Augenlider als Vorgesetzte. Das Licht buchen sie unter die Einfälle, die sie sich selbst zu Gute halten. Sie hören sich nach ihresgleichen um. Sie verfolgen die Kette ihrer Nahrung zurück, bis sie auf den Urlaut stoßen, der die Wissbegierde aufschiebt, wie ein mit Dreck verklebtes Fenster. Der Urlaut ist ein sich selbst unklar Verlautendes. Er fällt aus der Tasche wie ein gebrauchtes Taschentuch. Er läuft die offene Tür einer Trompete ein. Läuft diese daraufhin blau an, hat sie Grünspan. Der stopft ihr das Maul.

Mein Atem durchläuft die Blutbahn, wie eine Katze durch sämtliche Gassen streunt. Der Zwiespalt meiner Lippe am grünen Halm. Stare und Streifen bekommen die Flatter. Ich sehe weiße Misses Schwarze kissen. Nickel in den Kinnladen, die bei der geringsten Anspannung zu zittern anfangen. Misses in ihren selbst geschneiderten Nervenkostümen, Kuhbub mit teeförmigem Knochen. An ihm welkt das Fleisch der Sünde. Es muss durch das Mundstück hindurch, bis es vom Schall aufgenommen wird, erst leise, es lässt sich dann leichter ertragen. Es schwimmt im Speichel, dünstet im eigenen Saft –

He, mir ist ganz schwirr vor lauter Flitzebogen –

Die Nüsschen knacken in den Schalen, müde, wie sie sind; ich, ganz ausformulierter Satz, drehe mich nach dem Absatz um. Da enttarne ich sein Klappern als harmloses Fingerschnippen, wie es nur allzu häufig zwischen Kuppen stattfindet. Es ploppt wie beim Entkorken einer Flasche. Charlie Parker tot. Der Tod kriecht aus den Berberitzen. Er steht uns allen offen wie ein Mund. Die Blasebälger plärren in ihren Hutschen. Magdeburger Halbkugeln geraten aneinander. Die dicke Luft zwischen ihnen fällt rapide ab, sie passt in ein Reagenzglas. Dort hockt sie sich auf ihren vier Buchstaben vorläufig nieder.

Ich heirate. Ich gehe wieder auseinander. Ich passiere. Ich passiere in der Fließrichtung aller entscheidenden Punkte. Vorerst erscheine ich überwiegend. Den Mund nicht zu voll genommen, die Anklänge großteils lydisch, Übergänge mitunter hart am Rande. Eheähnliche Verbindung, etwas von Erdnuss und

Butter, die macht die Fliege. Ein Klümpchen Schleim in einem Mehr. Müßiggänge, der Mund hart an der Kippe. Die Trompete fällt mit einem Triller in den Koffer. Jemand spitzt auf meine Lippen, doch ihr Lack ist ab, das hohe Gut Lack, wie im Diskant.

Ein Vatermörder umhalst mich. Sein Vinyl ist meine Kragenweite. Ich trete vor ein unsichtbares Publikum und kriege die Manschetten. Eigentlich ist es umgekehrt, und ich jage den Knopf durch das Loch. Jemand, der mir ohnehin nahe steht, geht mir auf den Senkel. Barfuß durchquere ich Bleiwüsten; was ich auch anstelle, ob an der Bushaltestelle oder an der Abendausgabe, überall gerate ich auf die schiefe Bahn. Ich bringe mich in Abzug, als könnte ich so besser verrauchen.

Früher gingen wir – ich und meinesgleichen – gemeinsam auf die Straße. Jetzt handelt es sich nur noch um mich, gleichsam im Handumdrehen. Ich recke die Faust in den rot entzündeten Abendhimmel, ich stelle an die Wand, ein Wurf von etwas Kreisrundem, ich belaufe mich auf ein paar Hunderttausend. Unter den Propheten ist der Luther König. Ich habe jetzt statt seiner Träume: Dann belaufe ich mich auf allen Vieren. Ich fahre die Krallen aus, als wäre ich ihr Chauffeur. Ich gehe als Maulheld durch, bin nicht zu bändigen. Dabei sind Rost und Grünspan in meine Stimmritze hineingekrochen. Ich bin heiser als alle anderen. Mein Stimmumfang beläuft sich wie zu rasch abgekühltes Messing. Andere haben Gold in der Kehle, ich zerbreche mir darüber lieber den Kehlkopf. Ich blase Alfred Freilader an, und mir bleibt darüber die Spucke weg. Ich scharre in den Löchern, durch die der Schall muss. Ich strenge mich an. Ich ringe um die Augen meines Freundes Piepmatz. Auch diese haben regen Auslauf. Sie klettern aus den Höhlen, wie um entzündet zu werden und aufzugehen. Jedes dieser Augen erleidet einen Reibungsverlust. Es läuft um wie ein Zifferblatt, eine beliebige Passantin, es dreht sich alles um es, Essigsaures, es steckt mit unzähligen Leidensgenossen in einem mit sich selbst verflochtenen Korb, es bleibt ihm überlassen, was bei ihm herausschaut. Das Auge zieht weiter; noch häufiger aber steht ihm Zug zu Gesicht. Oder ein Hauch von Auge, als flösse der Wind von ihm ab, dabei fällt der Lufthauch üblicherweise mit der Tür ins Haus, er springt das Auge an wie ein Gnu, verbeißt sich in den Apfel, blau- oder braunbäckig, der hängt am Stingel des Sehnervs.

Und der Zug rattert, erst springt der Wind von den Schnittflächen der Tschinellen, er rührt und suppt in den Schlieren der Kupfer, fährt zischend aus den Becken. Er heftet sich das Zittern der Basssaiten auf die Fahnen, versetzt das Rachenzäpfchen, der Erlös ist nur wieder Wasser auf seinen Mühlen, er schnurrt wie der siebenfache Teil einer Katze, er rührt sich nicht an, Gegenteil eines Fertiggerichts.

Er bringt sich um Haus und Hof. Die weichen Stellen, ganz leger, schienen nur so. Die Verfolgung des Ausgangs, durch den Windfang, das kannst du dir in den Rauchfang schreiben. Die Azaleen in den vorgeschriebenen Reihen; jede an ihrem Fußpunkt zu zweien, wie Schlemihl und sein Schatten. Ein echter Wurf! Ich bin nicht mein Ureigenes. Mich leitet man wie ein Gewitter ab. Mit jedem Satz kein Ursprung. Ich gehöre, doch besitze ich in Wahrheit kaum ein einziges. Die Aufstellung der Lauscher, der A-Zug eines, der herzog. Das Grinsen eines Fletschers mit fauligem Gebiss. Die Wegnahme von Vorbildern, von Einstellungen, und was ich von ihnen halte. Die Griffe eines Ungeübten. Die verminderten Akkorde irgendwelcher Arbeiter. Die Sprünge der Follikel in ihren Eierschalen. Ei der Daunen. Der schwarze Karl mit der Kanüle im Arm. Karl, gib den Löffel ab! Mir geht der Stoff aus. Er gibt das Besteck ab. Mein Entzug, indem ich mein Nervenkostüm mit aller Kraft in die Mangel nehme. Ich stopfe sein Futter zurück, ich treibe den Stollen des Ärmels in die luftigen Berge Louisianas hinein. Das Hemd sitzt mir jetzt näher als der Jazz. Ich schüttele Hände, bloß um mich von meiner Einsamkeit abzulenken. Meine Wenigkeit sitzt in der Patsche, mit einwärts gekehrten Beinen. Ein Hund, der den Baum anwinkelt. Meine Beißerchen bellen nicht, sondern ich schlage sie wie Meißel in die Weichen, Prompt stehe ich vor den Rücklichtern meiner selbst. Meine Finger gleiten behutsam ins Futteral eines Bahnhofs, denn ich heiße Meilen, obwohl ich nach Jahren zähle. Gleißende Körper bestimmen meine Stellung in der Welt. Ich begegne mir selbst mit Geringschätzung, d.h. jemand Dritter hat sich an mich und meinesgleichen rangeschmiegt. Ein stolzer Schoner quert die Mitte meines Ärmels. Die Lok mit der Rotzbremse vor der Nase. Eine Pflugschaufel nimmt sie an die Kandare. Rund um uns beide nur saugrobe Klötze, die bremsen. Alle Bremsen schillern blau. Ich sehe, wie eine Fliege einen Ausrutscher hat. Sie fällt auf etwas herein, sie hat den Kopf verloren. Die ist abgeschlagen, behaupte ich einmal. Schon stecke ich in dem Strampler. Die Knötchen an den Stöcken. Ich schlage mit einem von ihnen auf den Stein der Überlieferung. Prompt platzt er mit frischer, blauer Milch heraus. Ich genieße sie in vollen Zügen, irgendwo Genusses halber, auf halber Strecke. Auf-halber gähnt der Trichter aus Messing. Die Zugposaunen klingeln. Die Sklaven brüllen, und ich höre, was es geschlagen hat. Es stöhnt im Handumdrehen, und ich? Bin wie von Geisterhand bewegt. Die Standgerichte in den züchtigen Pausen. Jedes Kalb ein Kutter.

Erst die dampfbetriebene Maschine vermindert die Akkorde. Den Einsatz nicht verpassen! Dieser Faden ist ganz schön gerissen. Und der Herr sprach: Die Ohren meiner Pflücker sind wie Purpurschnecken. Ich zwang aus heiterem Himmel Blau hinein. Ich bin das Kind von Blau. Ich bettelte um den Halsschmuck einer Nabelschnur. Ich war, zuzüglich der Schnur, erstickt. Ich bog das Blaue vom Himmel herunter. Ich schlug über meinen blauen Flecken ein einfaches Himmelszelt auf. Ich bot Kanonenball an, Platz zu nehmen. Er wog zahlreiche Gegenstände auf, die mir sonst in die Quere gekommen wären. Das Sklavenhalten der langgezogenen Töne. Ich denke an Hörsäle, mit denen jeder steht und fällt. Einer an dem anderen vergeht sich, einer nach dem anderen vergeht. Die Blusen. Ich klopfe den Takt aus der Wäsche, mein Schuhzeug hält die Zeit, ich schlage zu jedem Übergang ein Schnippchen.

Meine Motive sind lauter. Ich bestehe auf meine Wenigkeit, indem ich mich zurücknehme. Ich, Kind Moses, wurde im Flechtkorb mit dem Bettzeug vertauscht. So gelangte ich noch vor Pharoa Sanders. Mein durch- und durchdringender Ton. Ich schrie wie am Spieß. Aber wie kann jemand behaupten, ich sei ernsthaft dabei gewesen? Ich wäre blau gewesen im Gesicht? Ich teilte das Meer in es selbst und in seine Überschläge. Mein Mundstück – meine bessere Hälfte – wob an den Tüchern aus Geräusch. Das Meer geriet außer sich, nur um desto eingezogener zu sein. Es stampfte mit den Füßen wie ein Flusspferd. Es jagte die Wechsler von Ebbe und Flut aus dem gezeitigten Tempel. Unzählige verloren darüber den Kopf, Gischtkrönchen fielen in den Staub. Selbst Klippenort Braun geriet ins Schleudern. Jemand wie ich litt entsetzliche Qualen. Kopffüßer liefen blau an, die Brandung begann hinter den Ohren zu zünden. Ich stand vor Fahren wie vor einer erst noch zu erlernenden Fertigkeit. Abstammung wie von einer abgeplatzten Rinde, meine Zehen krallten sich in den Sand, Sonne und Mond gossen gemeinsam ihr Spülicht über meine Herkunft. Ich stand noch tiefer in der Kreide. Selbst die letzte Zeile – sie bestand aus einer sicheren Bank und war aus Sand – stand unter Gänsefüßen. Es stand Spitz auf Knopf. Ich setzte also meine Verankerung aufs Spiel, denn schwer begonnen, war ich doch leichtfertig geworden. Es waren die anderen, die die Lösungsmittel gebrauchten. Ich stieß durch eine unsichtbare Decke. Die Stickerei der Möwen, sie schreiten durch den Sand. Unsereiner stieß auf Goldwasser, es füllte die Mundhöhle bis zum Rand, der Zapfen geriet unaufhörlich in Bewegung, die Wilhelmine namens Urlaub verfiel in meckerndes Geschrei. Die Hände falten, wenn sie nicht gefielen. Das Meer warf sich wie ein Tiger auf mich Streifen Land. Es entblößte silberweiße Tatzen und schlich auf Leihsohlen. So war alles Land, das ich gesehen habe, nicht es selbst. Bestenfalls stand es für seinesgleichen, doch darum noch nicht zum Besten. Es glich um ein Haar, als wäre es gespalten. Einige seiner Ausläufer kehrten wieder als Besen, oder sie waren heiße Feger, so wie ich.

Meinetwegen hielten die Clubs ihre Rachen geöffnet. Na, meinetwegen! Sie schluckten ununterbrochen Musik, die drang gut vernehmlich aus ihrem Bauch. Türsteher waren Wörter, die von unseresgleichen geschildert wurden. Sie ließen Besucher ein, so wie Sachvorstellungen in die Gegenstände. Die Gäste standen an. Auch die Bezeichnungen stehen nicht an, sondern fließen in die Gegenstände ein. Ich sehe alle die Pauker vor mir, denn ich wuchs immer rascher in meine Kinderschuhe hinein. Die Zehen genossen eine gute Rückbildung. Sie entwickelten sich nicht länger ins Offene, so wie ein bunter Strauß Haare, sondern gerieten ins Hintertreffen. Ich vermutete die vordersten Glieder der Finger dort, wo sie nicht anzutreffen waren. Ich stand vor einem Rätsel. Ich selbst war so klein, dass ich mich nicht krumm machen musste. Ich reichte kaum an etwas heran, was mir ähnlich hätte sehen können. Das sah mir wieder ähnlich! Ich machte mich kleiner als der Radstand eines Busses, nur um mich nicht verschaukeln lassen zu müssen. Ich floh noch die Üppigste aller Vegetationen, an dem Punkt also, an dem Mamas Übereinkünfte zusammenfließen. An dieser Stelle. An dieser stelle ich mich.

Ich schob das Eilen aus meinem Namen. Folgerichtig gewann ich darob eine Handvoll von Inseln, und siehe da: Ich bestand sie alle locker, ich nahm mich nicht krumm.

Ich fühlte mich dazu aufgefordert, mich in meine Mum hineinzumengen. Wehe uns, so nahm sie uns beide ins Gebet. Schlüpfer, der ich war, schien ich hochgeschlossen, ein Knopfleister, der ich mich einbrachte, ganz aus Perlmutter, eine Glanzleistung. Mein Fortkommen hing an einem dünnen Faden. Ich hätte doch viel lieber Zurückhaltung geübt. Mum, die alte Klemmschwester! Sie zog mich ein wie eine Rauchsäule, die sie um Anteile meiner Persönlichkeit bereinigte. Noch aber stand ich wie die Kuh vor dem Tor. Mich begehrte, nach allen Seiten ausgedünstet zu werden. Ich sehe mich mit einer Papierschlange um den Hals. Sie wird als blauer Krepp durchblutet, den Kuchen reicht die Amme nach, sie ist die Aufschneiderin in diesem Modesalon, sie zupft an den Rüschen meiner Extremitäten. Ich höre, wie alles in den Eimer geplumpst ist. Die aufgeplatzten Kübel der Bougainvillea. Der zerborstene Schoß eines Chrysler. Der Geist Amerikas entfährt einem Auspuff, er kippt durch die Schnappatmung und kriecht als blauer Dunst durch das neue Orleans. Der Pfennigabsatz entfernt die Größe einer Münze aus dem Asphalt.

Tatsächlich werden die Waisenhäuser leerer. Der Notenständer stürzt ein, weil ihn ein Storch verlassen hat. Überall Väter, die ihre Brut mit Haut und Haaren... Die Beine meiner Mum wie eineiige Säulen. Sie hatte keinen Rock, der flatterte aus den Juxschachteln. Die gaben unter dem Anprall von Hüftschwüngen klein bei, wie das Geschnatter von Vögeln, das Gejammer ferner Fahrer. Die fuhren wie nichts durch die hohlen Gassen enger Strümpfe, indem sie die Empfindung weiteten. Sie krachten mit den Türen ihrer Fahrerhäuser. Waren diese einmal nicht zur

Hand, schlugen sie sich an die Brust, oder sie bildeten löbliche Ausnahmen. Dann waren sie Schwiegersöhne. Ihre Grüße drehten sich auf den Tellern. Ein Zäpfchen schoss geradewegs hoch und brachte den Diskus sicher in Umlauf. Wir alten Schwinger staunten nur so, als das Gebrüll Mädchen mit geträumten Oberweiten zerknirschte. Wir hatten das Nachsehen, konnten jedoch nichts entdecken, was wir ihnen hätten gleichtun können. Geschweige denn.

Es klingt überheblich, ich vernahm das immer Leisere. Hinter dem mütterlichen Herzen entstanden oft Gedankenpausen. Die Stille nistete. Sie machte vor, und sie machte vor lauter Freude Eisprünge, lauter Eisprünge. Die Follikel zerplatzten mit einem Knall. Jemand langte mit dem Geräuscharm in das Becken, es wurde abgetastet. Man machte um meinesgleichen ein Aufhebens. Immer wenn ich fruchtblase. Erste Tönungen von Haut und Haar. Die an den Leisen ertasteten geflügelten Worte. Selbst an den Wolken zogen andere Saiten auf, ich verging mich an etwas, und wenn ich mich bloß an der Mutter stieß. Es knallte, und ich lallte. Sie glucke, ich glucks. Eine Mutter kratzt einer anderen keinen Schoß aus. Den Kutschen der Plantagenbesitzer waren echte Seepferdchen vorgespannt, jedes von ihnen pulste wie ein Bizeps. Wie ein Stammbaum ragte die mächtige Deichsel vor. Ich stampfte im Schirrzeug der Nabelschnur, Gischthäubchen lagerten auf dem Fruchtwasser. Die Röschen der Föten schimmerten heller als Kakaobohnen. Der Puls der Nabelschnur war blau. Das blassblaue Blut kroch bis in die Vorwerke der Stadt hinaus. Ich stand noch vor den Kinderbeinen unter einem Eindruck. Hörnchen lösten sich, ihre Dämpfer waren aus weicher Knorpelmasse. Seezungen strichen über ihre Beine, Ohrmuscheln schalten auf stur. Die Beine von Mama Brooklyn bildeten mächtige Pfeiler, in deren Obhut kratzte ich weite Bögen in den Sand. Ich, ein Landei, stand auf gewöhnliche Landmaße. Ich hatte mich in Schale geworfen und drohte dennoch zu kippen. Ich floss unter den Stegen der Geiger hindurch. Zwischen den Badehütten aus morschem Holz platzten vereinzelte Verschlusslaute heraus. Lachen wurde sichtbar. Mum hatte versehentlich auf mich gesetzt, jetzt schoss die Flüssigkeit durch das Spalier der Zungenbrecher, sie wurde dicklich. Die Flaute faulte. Ärzte schürften Einsilbern hinterher. Züge klapperten mit den Häutchen, Fischer warfen die Netze der Grammatik aus. Ich lag im Schafspelz der Wörter, und Mum schürzte ihre Eigenschaften, um mich besser trocken lecken zu können. Trennwände barsten. Bedeutungen bildeten über meiner Wiege einen Baldachin. Ich wurde regelmäßig gewogen und für zu leicht befunden. Ich hieß nur nichts. Der Boden wurde entschieden zu heiß für mich, ich stand auf ihm mit Kriegsfuß.

Ich erinnere mich meines Grants, als ob es gestern wäre. Etwas wie Yan-Kies kam über uns, als ob es ein Zahlungsmittel wäre; die Sonne ging entsprechend auf, ferner Osten. Alles an ihnen war Jacke wie Hose, sogar das zentrale Gestirn machte blau. Die Nacht kam über uns, und sie ähnelte verdammt Mums Bauchdecke. Man musste sie sich von unten besehen. Sie schillerte in keinen Farben. Sie gab sich auch keine Blöße, oder einen Anschein. Die Pfirsichröte ihrer Wange war ganz einfach das Feuer über Atlanta. Gäule gingen durch die frische Butter. Messer erhoben die Temperaturen. Der Rauch erhob sich verbissen. Er brachte die Fassungskraft der Augen zum Überlaufen. Geschosse, die keinen Häusern angehörten, zerkugelten sich vor unser aller Augen. Jemand wollte Mum zur Aufgabe zwingen; sie ließ mich laufen, und die Stadt, die ursprünglich ihr zu Füßen gelegen war, wurde unter mir begraben. Buchstäblich, da doch die Leuchtbuchstaben blinkten, die Lichter in den Korallenstöcken angingen, ansprangen, wie mich ein Hund. Ich war, obwohl noch kaum ans Licht gekommen, noch einmal davongekommen. Ich saß fest und zog doch immer weiter nordwärts. Die Gesichtshaut lief an wie ein besonders neuer Film.

Meine Vorstellungen wurden abgedunkelt. Alles lief auf ein einziges Licht hinaus, wie auf ein Kommando. Es hätte an der Wand gestanden haben können, um wenigstens Mum teuer zu stehen zu kommen. Es menetekelte Coca Cola, wie um die Bläschen zum Einsturz zu bringen. Die Filmrolle lief, es war zum Durchdrehen. Im Gestöber erkannte ich meinen eigenen Erzeuger, er nahm jeweils eine Haltung für sich ein. Er schien mit sich eine Wette abgeschlossen zu haben, ob er schneller dort wäre. Er schien außer sich, sonst wohl geraten. Er warf Arme und Beine, wie sonst wohl das Geld aus dem Fenster. Da war er soeben einem Feuerwerk vor die Radmutter gelaufen, da brachen auch schon die Stifte. Die Mütter standen auf der Straße. Jede von ihnen war im Umlauf. Die Wehen setzten ein, als wären Schenkel Straßenränder. Hormone und Mormonen heuchelten innere Beteiligung, dabei schütteten sie sich aus vor Lachen. Ich maß die Breite einer Erbse. Nicht ließ sich sagen, wie mir der Schnabel gewachsen war. Dabei tropfte Musik von seinem äußersten Rand. Herzrhythmen flöteten mir ins Ohr. Sie pochten auf meine Rechte, damit die sich um die Trompete schlösse. Jemand guckte in die Röhre. Ich ließ auf meinesgleichen warten. Ich verstieg mich sogar zu einer Behauptung, als wäre der Rumpf nicht genug. Mum schüttelte das Becken ohne Taktstock. Über mich wurden Stäbe gebrochen; ich belief mich blau, denn ich war zwischen die Zangen der Pressen geraten. Schlagzeilen riefen: Geboren ward das „Kind des Blau"! Da stand es, blau auf weiß. Auf tönernen Füßen. Stille. Auf die schliche jemand. Anders gesagt: Mum entblödete sich. Sie war rein ohne Einschließungen. Ich bildete ihre Auslassung. Es dauerte mich. Bis ich Oberwasser bekam. Kaum ans Licht gekommen, schnupperte ich Frischluft. Ich stand für mich allein und bildete ein Vorkommnis, etwa wie ein zu- oder abnehmender Mond. Ich rollte gleichsam wie ein Nickel über die Ladentheke. Ich bekam Schliff, insonderheit, als ich eingepasst wurde. Ich fiel wie Schuppen von den Augen, wie ein Vorhängeschloss von den Schuppen. Ich verkörperte den Traum gestandener Eltern; vorderhand blieb Mum bettlägerig, streckte aber den Zeh nach mir aus. Ich fiel kaum ins Gewicht, sonst hätte sie sich mich dreimal überlegt, dreimal übereinandergelegt. Schon vorher bog ich es ab. Ich glitt lautlos aus dem Ermüdungsbecken, nur um mich weiter unten aufzutischen. Ich fiel aus allen Wolken, bloß dass diese ganz gewöhnliche Schamlippen hatten. Da stand ich nun und war nicht anders. Da kam ich mir nun vor. Ich gab Blößen, aber als Zugaben. Ich flitzte wie Murmeln über Lautsprecher. Ich schützte vor und hoffte, in Sicherheit gewiegt zu werden. Ich selbst verpasste den Einsatz der Wehen. Ich ließ sie über mich ergehen wie ein Paar Schuhe, wie einen Satz heißer Ohren. Sie spurten. Ich kam zwischen Abgebrühten und Abgebrüteten zu liegen.

Doch lieber wäre ich unterlassen geblieben. Ich wäre unbezeugt geblieben, aber noch aus dem Ärmel geschüttelt. Mum lag der Länge nach ausgestreckt; ein bisschen schwanger geht nicht, noch weniger läuft es wie am Schnürchen. Ich wäre ausgebohrt, nicht Ausgeburt. Eingeflösst, flussaufwärts geschwommen, eingesackt und zugemutet. Die Fälle brüllten. Am Oberlauf des Kaninchens. He, Has! Etwas verkehrt herum. Mum und Dad verloren einander wie das Weiße aus den Augen. Sie übersahen einander, zwei Karten, voreinander ausgebreitet. Ihre Pegelstände fielen, nicht unbedingt auf die Knie. Niemals hätte Dad sie davongetragen, wie eine Wunde. Früher wurden schwarze Frauen eher von oben herab befreit. Sie hielten auf sich. Sie hielten sich auf. Sie hielten sich darüber auf, dass sie eigentlich in die Häuser der Weißen hineinwollten. Sie wurden zur Reife geführt wie Schaumwein in Flaschen. Man hielt rund um sie an, damit man nicht falle. In die Falle bekam man sie erst später, wenn das Aussteuern nicht erst die Flussschiffe erfasst hatte. Anstelle der schwarzen Frauen gähnten nicht bloß Lücken, sondern die Sitzengebliebenen und Verschmähten. Blößen wurden höchstens zusätzlich gegeben. Für Lebemänner und andere Gestandene waren sie tödlich. Man verschaute sich in ihre Formen, in denen sie steckten wie nicht zu. Wie in nicht zu engen Stiefeln. Ihre Herkünfte umschlotterten sie und bildeten eine Art Wäsche am Leibe. Im Gesicht trugen sie Kittelfalten: erste Anzeichen. Die Kerle waren es müde, um sie anzuhalten (sie waren dann so ergriffen). Sie begriffen sie nicht. Sie schlugen einen Bogen um sie, um sie einzusacken. Das erleichterte sie. Es führte in schnurgerader Linie zu meiner Wenigkeit. Ich war aus ihr herausgeschlüpft wie aus einem nicht zu engen Handschuh. Anderen wäre vielleicht das bisschen Lebenslicht ausgegangen, wie nicht allzu fest sitzendes Haar. Ich war stramm, und ich war stramm beisammen. Kaum geschlüpft, schwoll ich an, um zu gedeihen. Wäre ich nicht so ein Schreihals gewesen, ich hätte gut und gerne für zwei durchgehen können. Wie das einsame Kind hätte ich mich in mehrere gespalten, in zwei, drei, um beieinander zu sein und miteinander flüstern zu können in der Nacht. So spaltete ich vielleicht mein erstes Quintett von mir ab!

Ich gebot über Stimmen, die gar niemandem außer mir gehörten. Ich war außer uns. Mein Quintett hingegen war außer mir. Beide ergaben wir das, was eben herauskommt, schon wenn man dabei ist, wenn man schon einmal dabei ist, ist man auf und davon; und davon nicht zu knapp. Ich stand noch nicht einmal auf Freiersfüßen, als es mich schon wieder fortzog. Die Nabelschnur? Entwickelte sich. Ich umlief das Kindesalter; ich lief es um. Über mich geriet man sich in die Haare, obwohl ich noch flaumbestanden war. Ich sollte später bei Karl dem Gärtner (recte: dem Gegärtnerten) in die Lehre gegeben werden, vulgo: Charlie Parker. Mir war das, so lange ich kein Stern war, schnuppe. In meinen Ton schlich sich die Verzweiflung darüber, überhaupt geboren worden zu sein. Also noch einmal alles zurück. Heute erörtert man mich allenthalben. Mum schenkt' mir ein Pferdchen, und was wirft es ab? Viel zu viele Eisprünge für ein einziges Pferd; heute gehen Gäule durch Mark und Innereien. Hupen öffnen ihre Mäuler, auch sie sind Tulpen aus getriebenem, durchtriebenem Zinn. Haut auf die Pauke, aber Fell! Mir schien, ich wurde immer weiter abgetrieben. Die Schnitzer von jemandem wie mir machten Augen. Die Haut zu. Bloß nicht. Mum bildete in sich den Keim des Anstoßes. Wer nur wieder hatte ihr das eingegeben? Eier sprangen, das heißt: Es ging ihnen auf, sie müssten aus dem Häuschen geraten. Mir stand der Sinn nach Öfterem. Ich wäre für mein Leben gerne aus der Haut gefahren, nur nicht aus meiner eigenen. Schließlich lag ich als Beschlussfassung fertig auf dem Tisch. Mum gab mich nicht aus der Hand. Sie steuerte mich bei. Bestenfalls. Ich wurde langsam kalt.

Ich wurde langsam kalt. Sogar die Häuser liefen blau an. Ich scharrte fröstelnd in der Glut, die darüber zusammenlief. Schnee stieg hoch, und die Wehen setzen ein, wie um einen Chor anzustimmen. Alles hatte die Weißheit mit Löffeln gefressen. Ich blies etwas aus; der Knorpel zitterte unter dem bloßen Andrang. Er schauerte zusammen, wenn er nur besser sehen könnte. Das Gaumensegel wurde eingeholt. Besonders die Rückstände taten sich hervor. Herz und Nieren bildeten einen Kamin, dem plötzlich etwas einschoss.

Die Rauchfahnen bildeten heraldische Merkmale aus. Ich war zu diesem Zeitpunkt kaum erbsengroß und fand in einer Streichholzschachtel Platz. Ich stieß an Grenz-Ende. Mein blauer Trichter schwoll. Ich stand so weit fest, nur die Nase lief. Es war unmittelbar vor der Geburt, und ich wurde in allen Punkten freigesprochen. Ich fistelte und Zyste. Ich aaste und trug eine Weste. Meine bessere Hälfte besaß Muttermale, darunter ihre Vielstimmigkeit. Sie lag mir in den Ohren, bis obenhin. Ihre Organe stießen mich ab. Ich fiel, um mein Gesicht zu wahren, auf die Schnauze. Dabei verbrannte ich mir den Mund. Mir stieg ein Verdacht auf, ganz so, als wäre ich ein Pferd. Mit mir ging es durch: dick und dünn, glatt und verkehrt, Mums Röhre. Sie konnte es nicht fassen. Da ging ich ihr durch die Lappen.

Ich schoss geradewegs in das Haifischbecken von N.Y. Dort schüttelte ich zahllose Flossen, alle, die hervorstachen. Mir lief die Nase nach und nach Hause. Mich schüttelten Schübe, sobald ich auch nur an eine windige Ecke gelangte. Es hob mich aus, ohne dass ich herausgehoben gewesen wäre. Alle meine Zeichen standen auf Sturm, wie auf einer glatten Unterlage. Ich hatte Hüte ohne Anzeichen auf. Ich wurde gut behütet, ohne deshalb schon entschlüpft zu sein. Vorhaltungen, die man mir machte: Spülbecken, Lavoirs. Manche meinten, mein Gesicht sei nicht von ganz gewöhnlichen Exkrementen zu unterscheiden. Ich entging der größeren Ausmündung nur um Haaresbreite. Wen traf ich nicht aller? Es wurden zahlreiche Anstalten getroffen, darunter Geburtskliniken, die ohnehin abbruchreif waren. Im Wesentlichen aber: Zeughäuser. Fosenschlacke auf Velours. Noch früher Erdmännchen und –weibchen, die sich paarweise aufführten, nur um gemeinsam in die Höhe zu gelangen. Sie stiegen auf Stammbäume und ruderten unbeholfen mit etwas, das sie aushändigten. Sie warfen, darunter auch mich. Kaum in die Freiheit entlassen, geriet ich auf die schiefe Bahn. Ich war Feuer und Flamme, sogar ein echter Dornbusch war für mich entbrannt. Ich sammelte Applaus, als wäre jeder einzelne ein Schlüpfer. Dabei war doch ich geschlüpft. Die Weißen hingen wie Mehlwürmer in den Clubs herum. Bevor wir nicht für sie spielten, wussten sie nichts mit sich anzufangen. Ich hob die Tröte an den Mund, die Musik schoss ein wie Saft in den Baum, die Blätter winkten, einige von ihnen brachten gute Besprechungen.

Ich aber fühlte mich abgestoßen. Zur Sepsis gesellte sich eine gesunde Skepsis. Ich stieg etliche Tonleitern hoch, nur um sie anschließend nach oben zu ziehen. Ich stand auf der Tenne, fast wie auf dem Boden der Funktionsharmonik, gemeinsam mit meinem Tentett. Ich streckte vorsichtig den Fühler meines Trichters aus. Als erstes schloss ich mich der herrschenden Strömungsrichtung an. Ich rutschte als Bündel in die Welt hinaus, wo ich Stachelflossern beggnete, deren Blech alt und stumpf geworden war; sogar die Zuggarnituren der Posaunen waren verknöchert. Blasen stiegen aus Becken, auch solchen wie jenes, aus dem ich gebüchst war. Ich bemerkte an mir den hellen Aufzug. Er deutete auf eine irrtümliche Erscheinung hin. Grundsätzlich war ich niemals sonnenklar. Es hatte auch niemand den Durchblick. Man zog mich wie einen Fang an Bord. Ich wäre aber lieber abgetaucht; so hatte ich Manschetten, und ich fühlte mich von den eigenen Füßen auf den Schlips getreten.

Die Mündung starrte mich als kolossales Einauge an. Ich hatte die Hände hochzunehmen wie einen Zirkel von Verschwörern. Man forderte die Herausgabe von etwas, was kein periodisches Druckwerk war. Ich versuchte erst, es zu summen. Erst nachher begann ich Summen zu addieren. Diese hervorragenden Hände! Ihre Flächen wurden aneinander fündig. Ich bog mir das Mundstück zurecht; meinen Daumen behielt ich zuerst in der Hinterhand. Einige Schnursprünge später, und ich war kein Säugling mehr. Mündungen liefen über wie ein ganz gewöhnlicher Deserteur. Ich war viel zu gut abgehangen, um noch länger abhängig zu sein. Vor mir die verschlossenen Reiche, mit den offenen Armen! Ich bemühte mich um eine entsprechende Erscheinung; ich dankte dem Schöpfer für sein Fruchtwasser und bestellte einen Cocktail. Mum hatte mich eigenhändig zusammengeschüttelt, jetzt war ich gerührt. Gelierter Zucker klebte an den Clubwänden. Ich unterschied deutlich Korallen- von den Eierstöcken. Sie waren ortsüblich.

Ich sah Kraniche ziehen, Karten aus dem Stapel. Selbst naheliegende Gegenstände bildeten Vergleiche, indem sie zu sich selbst in eine Beziehung traten, die von ihrer Nützlichkeit absah. Ich bewunderte den Fels- und Schüttelsänger das Fis („el vis"); noch mehr beneidete ich ihn aber um seinen Zwillingsbruder Aaron. Der hätte, ich weiß, unter allen Umständen Ges heißen müssen, war jedoch in die ewige Nacht zurückgeschlüpft, die unserer Schlaflosigkeit vorangeht. Das Felsrütteln und -schütteln bemächtigte sich auch Fernstehender. Die Jazzclubs und Venus („venues") warfen das nachgedunkelte Haar, welches epidermal aus ihnen hervorging. Die Besitzer von Gehörgängen setzten Segel, die sie sich aus der Knorpelmasse erklärten. Die Wehen hatten kaum eingesetzt, und ich geriet aus dem Häuschen. Mum schrie, dass die Wände wackelten.

Schließlich war ich obenauf. Ich bestellte. Noch zwei Fruchtwasser auf den Felsen! Das Eis schrie wie eine kalbende Kuh. Vorübergehende zogen ehrfürchtig den Hut. Sie schleppten ihn an langen Leinen. Ich wurde auf die Straße gesetzt, an die frische Luft. Ich erhärtete mich, als hätte man mich wie einen Verdacht geschöpft. Wovon konnten andere ein Lied singen? Gänse schnatterten, und ich erkannte meine Schwestern an ihren Häubchen. Gebärmütter schnappten nach mir. Diebe erhoben ihre Klauen. Ich erkannte jede Hakenlinie. Ich zerschellte an jedem einzelnen Riff. Die Brandung schob mich durch die

Transistoren. Frequenzbänder flatterten, und ich erkannte darunter die Taschentücher der Zurückgebliebenen. Tintenkleckse mit dicken Bäuchen streckten die Hälse; hinter anderen kamen Punkte zu liegen. Wieder andere gingen auf wie flüssige Monde, oder bildeten überhaupt gleich eine Patience. Als erst unlängst zur Welt Gekommener beging ich unzählige Taktlosigkeiten. Nur mühsam hielten manche den Rand. Ich selbst war den Weg allen Fleisches gegangen. Solches stand unumstößlich fest. Ich quoll aus den Ritzen, welche in meinem Fall singulär blieben. Ich gab Obacht, ehe ich meine knorpelige Masse dem Einsatz von Wehen überließ. Prompt schoss ich übers Ziel hinaus.

Lappen schoben sich auseinander. Jemand mit einem Diadem aus steifem Leinen nahm mich auf den Arm. Ein Arzt hörte sich an mir ab. Ich warf mit der Nabelschnur um mich, ehe sie einen Abfall bildete. Letzte Zuckungen durchliefen das schwarze Gebirge, Gletschermilch schoss ein. Schöße schnurrten, so wie unzählige vor ihnen im Lauf der Jahrtausende. Brechmittel taten das Ihrige dazu, und so kam es, dass ich, erst einmal freigesetzt, zu mir fand. Ich fand auch sofort in meine Rolle hinein! Ich verhielt mich zu mir als mein eigener Vorgesetzter. Ihm hatte ich zu gehorchen, insofern er meine Anlagen für mich verwaltete, und zwar nur die allerbesten. Ich durfte mich nur nicht verhärten, doch da war die Schädelnaht vor.

Ich kroch langsam aus der Deckung hervor, um mit mir selbst zu derselben zu gelangen. Ich zog mich als Umriss in die Länge. Es stand mir noch einiges bevor, was mir wieder ähnlich sah. Ich begann mit einfachen Kuckucksrufen: nach Salz und Pfeffernüssen. Ich lauschte Herbstblättern. Mitternacht wurde rund und somit annähernd kreisförmig. Ich schloss die Augen vor meiner Erhebung in den festen Stand. Ich umhalste einige meiner Vorgänger, bloß um Tuchfühlung mit ihnen aufnehmen zu können.

Einer hieß Heiße-Lippen, ein anderer, ein gewisser Ludwig, war der erwähnte Waffenstark. Jedes seiner Äuglein murmelte wie sein eigener Bach, gelb unterlaufen, wie von einem Kind. Jedes Wasser schien ihn rascher zu verlassen, als es vorher in ihn eingetreten war. Mit seiner Stimme erregte er Anstoß an tiefer liegende Schichten; sie schulterte Erdreich und schüttete es in die Ballsäle. Dort ging man über es hinweg.

Ich war freier. Mir war das Blauschema vorgegeben. Zuerst schien es nur nicht so. Die Schnur glitt durch die Röschen meiner Finger. Ein Stück, das gut durchblutet. Die erste Kühlung: Umwälzung. Auch andere Säuglinge, kaum größer als ein Daumennagel, nur nicht so eingewachsen, schrien Salz und Peter. Ich kam auf herkömmlichem Weg zustande, über die Mittelwelle. Die fütterte mich auch durch den Süden, oder trug mich nach Hilversum. Mir war das alles immer noch nicht kühl genug; Schnee wurde durch die Membran des Empfangsgeräts geblasen. Ein Zahntechniker – Dad – belehnte den Bauch seiner Aussaat mit dem Ohr. Ich formte die ersten Laute meiner Dazwischenkunft, noch vor jeder Gegenständlichkeit, insofern sie mich betraf.

Etwas Erblast. Meine Zellen, so einfach auch jede für sich war, zerfielen. Ich durchlief sämtliche Stadien, wie ein Olympionike. Ich erbebte unter Stößen, die sich letztlich als Zusammenziehungen herausstellten. Ich wurde von der Leine gelassen, wie ein vordem scharfer Hund unter der Einwirkung eines Pulvers. Alles Übrige ergab sich; fuchtelte mit kleinen, rechteckigen Kartenstücken, oder hatte eine ordentliche Fahne. Orpheus: Ich war ihnen schon wieder ausgeliefert, Teigboden, ordentlich belegt wie meine Stimme. Die war ein gebrochener Mann. Mum gebar mich, und ich fiel aus allen Wolken. Zugvögel hingen an Strippen, meine ersten Gigs wurden abgemacht, doch meine Kiekser segelten durch die Lüfte und wurden geflügelte Worte. Ich sah meine zukünftigen Hörer aus dem Boden schießen. Stellen Sie sich nicht so an! Die mütterliche Rundung eines Neumonds. Die mit Angst besetzten Plätze in der Untergrundbahn. Triebwagen aus Hoboken, die in die Backen gestiegene Röte, der Klaps auf den Po einer Filmszene, die innere Einstellung dazu.

Ich wusste mich glücklich entronnen. Ich schlug hart auf das Pflaster, wie um die Wunde neuerlich zu öffnen. Alles aufgemacht! Alles andere übernahm sich. Mütterliches und Sächliches prallten hart aufeinander. Der Kopf, obenauf, wie er war, geriet ins Hintertreffen. In den kreisrunden Sälen wurden die ersten Vorkehrungen getroffen – da kam ich schon gut an. Das Milchglas in den Fenstern wurde säuerlich – das geläuterte Haar mit den Sauglocken –, ich ließ ganz gut den Mondaufgang erkennen. Die Umstehenden dachten noch an Schiebung, da gerieten Mum und ich einander schon in die Haare. Ich war im Übermaß vorhanden. Meine Vollendung mündete in Zehenspitzen; alles andere ergab sich von selbst, und sei es solchen Vorhaltungen, die man von Waffen kennt. Abzüglich meiner selbst, reichte ich bis an meine Vorbilder heran. Schon kam ich in einer Abfolge zu liegen, die meine Glieder schüttelte. Ich bog das Vorhandene, soweit es mich betraf, schließlich zurecht. Geschrei schüttelte ich nebenher aus dem Ärmel. Ich tat alles, um gut anzukommen. Auch schmiss ich mich ran. Mir fiel es wie Buchstaben von den Augen. Das musste ich sein! Meine Ankunft erregte Zungenflattern. Ich, ein blau angelaufener Zwerg, war aufgebracht wie eine alte Fregatte. Da stand ich nun im Schatten undeutlicher Vorbilder. Jedes von ihnen reichte aus, den Mut – einer Fregatte – sinken zu lassen. Die Nabelschnur riss, aber ich entblödete mich deshalb noch lange nicht.

Schon stand ich im Schatten von jemandem. Ich schlug die Decke zurück, die ein Sachlicher einwand. Ich raste aus. Alles war Schoß: der Leib, aus dem ich kroch; die Milch, die einschoss. Ich war der Nabel der Welt, die ich nach Hügeln maß. Sogar der Venusberg kam mir wie gelegen; er stand ab von der Bemühung, ihn zu bezwingen – er stand sich also selbst im Weg – ich pflegte lediglich Umgang. In einem nächsten Schritt ergriff ich ihn. Ich zerkugelte mich, bloß um auf ihn hinauf zu gelangen (woraufhin eigentlich?). Sodann wurden mir einige Dinge untergeschoben, die gebürstete Handfläche einer Amme, die mich in einem ersten Aufwaschen zu halten bekam; das gemächliche Zischen eines Besens. Das bildete eine erste Unterlage für mein Druckverfahren. Ich lag klein geschnittenen Matratzen auf der Tasche. Mir, als dem Spross, war nicht abzuhelfen. Ich lag auf der Lauer, wie auf einer Liebesdienerin. Mum hielt die Schenkel auseinander, bis sie ein Dreieck im Maßstab von … bildeten.

Die ersten Trompetensträucher maunzten wie die Katzen. Das Herz des Jazz schlug, da kam ich noch blau angelaufen. Ich schnappte nach Luft, die piepste wie ein Mäuschen. Die Maus roch nach Äther. Ich hielt nach Altvorderen Ausschau. Die hielten sich in den Erbschaften verkrochen. Sie übertrugen sich durch Eigenheiten, die sie anderen umhängten. Ich verriet eine Neigung und warf ihr meine Anlagen hinterher.

Ich kam, und die ganze Welt stand Kopf. Ich kam, sah und sickerte. Meine sämtlichen Eigenheiten entnahm ich der Presse; ich trat in Erscheinung, und es stand geschrieben. Ich umlief einen besseren Ausschnitt meiner selbst; und ich war ganz schön gerissen. Ich lief blau an und schwoll schwarz wieder ab. Ich musste keine dicke Lippe mehr riskieren. Man wollte mir das Mund- so wie das Handwerk legen. Doch ich fand allmählich Eingang in das amerikanische Liederbuch. Ich stand in der

Schuld von Vätern, die ich nur dem Namen nach kannte. Sie alle liefen Dad den Rang ab, der oben auf der Galerie saß, bloß um keinen Lärm zu machen. Er blickte hinab in den Gully des Kreissaals, er wartete wohl auf meine Rückkehr, denn ich war den Bach hinuntergegangen, und zwar auf eigene Faust. An den Ufern verdichtete sich die Jazzgeschichte zu besonderen Vorkommnissen. Hans' Teegarten blinzelte mit seinen bunten Lampionen. Sandbänke erhoben die kahlen Köpfe, sodass sich die Arme teilten, und siehe: Ein dritter Strom entstand.

Inmitten seiner Strömung regierte die reine Leere. Aber wie viele Jünger und Propheten waren mir nicht schon vorausgegangen. Sie alle bildeten Figuren in Voraussagen. Diese erzählten oftmals im Tone der Belehrung von einer nicht auszudenkenden Vergangenheit. In ihrem Licht sonnte ich mich, dazu musste ich aber erst in meine Kinderschuhe hineinschlüpfen, damit mich die Sonne besser sähe. Sonne, die Kuh (q); ich Stier zurück. Ihr Strahlen verfängt sich im Messing meines Einhorns. Ich entblöße strahlende Zähne, die mir noch nicht gewachsen sind. Ich war, indem ich mir unausgesetzt zuvorkam, mein eigener bester Jünger. Ich sah zu mir auf. Ich erhaschte noch rasch einen Strahl, indem ich dann doch mit der Muttermilch vorliebnahm. In ihr steckte die Lösung. Ich war rasch auf den Geschmack gekommen. Sie fiel für mich aus, indem sie aus der Zitze heraussprang, an den Kostverächtern vorbei, die sie nur in die üblichen Kleinigkeiten zersetzten, Rhythmus, Tonfarbe, etwas Schwung. Ich leckte mir die Lippen, wie in Erwartung eines Happens.

Doch stattdessen nur der durchdringende Schweißgeruch, ertränkt in der Süße des Oleanders. Meine Ahnen pflückten noch Kätzchen, da machte ich bereits Bäuerchen. Ich sah noch die Routen im Fenster; Tropfen auf spiegelglatter See, Schlitten ohne Kufen, schaumgebremst. Die getönten Skifflegruppen, ihr

Trara auf Tara, wenn die Pfeifensträucher in den Mulden Dampf abließen. Debütantinnen, kerzengerade in den Mistbeeten ihrer Stuhlreihen – die getönten Scheiben, die sie vom Leben abschneiden; der stark duftende Schaum der Wicken, in dem meine Vorfahren geboren worden – das Flattern der Shawls wie das Zittern der Zäpfchen, Satchmos Grinsen auf der Haut eines Kürbisses…

Grandmum mit den beiden Schleifen im Kreuz, den Ohren ihrer Schere. Ihr Aufseher mit Zähnen, gelb wie Forsythia. Es reicht, und es hat durch die Reihen der Vorfahren hindurch gereicht, ja: hindurchgereicht. Solche Reihen – Sie ahnen es schon – fanden wie von selbst ihren Niederschlag. Alleebäume wurden fällig. In strenger Komplizenschaft hoben sie hintereinander ihre Röcke, die Kronen. In einer solchen hatten sie einen. Da zeichnete ich mich bereits ab; ich bildete einen Umstand, und ich umstand als Bauch alle tiefer gelegenen Organe. Ich roch Lunte, ich spürte, wie etliche hochgingen, irgendwo im Widerspiel von Einsatz- und Fliehkraft. Mir wurde blond zumute, wie durch einen plötzlichen Einfall der Sonne. Ich sah dadurch, wie die Gesetze im Süden immer rassiger wurden. Meine Mutter, ganz in Organza, galoppierte dahin wie die Zeit, die ihr den Bauch rundete. Sie glich hierin dem Mond, oder einem Laib Käse, der von Zeit zu Zeit leibhaftige Mäuse ausspeit. Löcher wie durch das Spalier ihrer Vorderzähne. Ich wähnte mich auf dem Rücken liegend wie ein Hündchen. Ich machte mich davon – das Hundesein als Vorlage benützend. Ich schnappte eifrig nach den Trümmern der Überlieferung. Zu dieser saß ich, aufgrund akuter Steißlage, quer. Ich verbiss mich in das mir Zustehende und hetzte die Charts hinauf und hinunter, genauer gesagt: ihre Platzierungen. Scheinwerfer hielten in der Pose von Leichtathleten inne.

Ich riss mich an Mums Riemen. Ich litt an Mumps, mit p wie piano. Ehe ich mich endgültig abseilte, schob ich vorsichtig einen Buchstaben durch die Unterlichte. Er berührte bereits mit einem seiner Beinchen den Boden der Krabbelstube, da fletschte die Klappe die Zähne. Ich hielt also die Klappe und warf mit der Wurst nach dem Speck. Respeckt! Ich erfuhr einen Schub. Haare, die sich nicht als die meinigen zu erkennen gaben, standen Kopf, also mir zufällig zu Gesicht. Kurzzeitig fühlte ich mich sogar hoch – ich war, als die Idee meiner selbst, auf Substanzen, oder mindestens auf sie angewiesen. Ich prüfte den Sitz meines Ständers. Ich bilde den natürlichen Fortsatz meiner eigenen Zeichengebung. Ich sinne und laute, bilde lauter Sinne. Jetzt geht es schnurstracks ins Freie. Noch klemmt es. Ich bin also angerührt, aber mehr so wie eine Mehlsuppe. Bei uns im Süden richtest du damit eine schöne Bescherung an. Gumbo: Ein Krokodil drängt ins Freie. Der Schöpfer taucht ab in die brodelnde Urmasse. Er läuft über wie ein ganz gewöhnlicher Strolch.

Ich selbst lief über zur Klasse der Anzugträger. Ich wurde stark angezogen von blinkenden Metropolen. Meinen Brüdern und Schwestern wurde das Futter entwendet; mir drehte man es bloß um, etwa wie ein Wort im Mund, oder einen Zylinderhut. Alles und allem, was du im Leben tust, musst du preisgeben. Mum schenkte mir das Leben, aber sie kostete es mich auch – sie ließ es mich kosten, und ich nahm es dankbar in den Mund. Ich stand hinter den Gitterstäben der Schamlippen und glotzte. Glotzte auf das Tagewerk der Wolkenkratzer, die nichts Besseres zu tun hatten, als das Dach der Welt anzuhimmeln. Mir wurde blau vor Augen; zugleich warfen die Fassaden mein ich, dieses kleine Etwas mit den Sichelzellen, auf mich zurück. Ich war vorerst durch nichts bewiesen, als durch meinen guten Riecher, durch vorsichtige Preisgabe meiner oberen Schädelhälfte. Es wurde von Schiebung getuschelt; ich dachte erst einmal, sie könnten mich alle heiraten. Blitzhochzeiten erhellten den roten Teppich, der die Grundlage meines natürlichen Vorkommens bildete. Die Knoten blitzten wie Schildpatt, das jemand poliert hatte. Es war wie im Traum. Ich lief mit meiner eigenen Nachgeburt um die Wette; ich lief noch vor ihr aus. Ich rief: Schiebung! Ich strotzte vor Haut und Knochen. Und doch hatte alles verkehrt zu laufen. Noch vor Betreten einer regelrechten Schule besuchte ich die Rückbildung. Ich schwor, Haut und Knochen zurückzuerstatten. Jemand, dem an mir gelegen war, füllte pulsierendes Ektoplasma in die Fleischtaschen. Ein Zellkern spukte. Ich besaß einen dünnen, fadenförmigen Schwanz. Mit ihm geißelte ich sowohl Dinge als auch Menschen, weil sie meiner Geburt, für die ich keine Schuld trug, Gesellschaft geleistet hatten. Mein eines Auge war im Kern richtig. Es schaute nach etwas aus, blieb jedoch an keinem Gegenstand – ob Sonne, ob Mond – heftig.

Ich blies ab. Richtig: Ich bin der Trompeter meiner eigenen Abschaffung geworden. Ich war zur Sammelstelle geworden und stieß Luftpakete aus. Mein Tönen kehrte stellenweise wieder. Manch einer wurde an meiner statt behechelt; ich stieß Luft ab, als handelte es sich bei ihr um einen Stapel Wertpapiere. Ich hob den Becher, wie um meinen Wert zu berichtigen. Zinsen wurden in Speichel bezahlt. Geld sprang überwiesen. Auch ich ließ etwas springen und bekam abwechselnd Zungenflattern und Fracksausen. Ich stand wie ein Tisch auf drei Beinen auf der Bühne des Lebens. Und es waren bestimmt nicht nur Leuchten, die mit Schein nach mir warfen, im Gegenteil: Solche, die das große Geld einsackten, gaben vor, Notenständer zu sein (und solche gab es einige, weshalb sie auch eine gemeinsame Währung bildeten); ich hingegen musste blechen, dass es glitzerte. Ich hatte mich mit mir selbst überworfen. Ich stand mir selbst ein Stück weit fassungslos gegenüber. Ich kam aus dem Spritzsack der Mutter gekrochen; ich hatte Mum in den Knochen, aber auch Dad. Jemand stand mir ins Gesicht geschrieben. Ich selbst las es spiegelbildlich von den Lippen anderer ab. Mein Mund geriet ins Stocken. Er bildete einen Knochen. Früher hatte ich anderen mehr und innigeren Glauben geschenkt, den Referenten in den Kirchen, den Tüpfelchen auf dem i. Ich betrachtete Landschaften und fasste sie leseartig auf. Mit Aufstockung der Gliedmaßen wurde ich immer vorgefasster. Bald stand ich anderen desto unverwandter vor Augen. Ich geriet in die Fänge und bildete einen Abklatsch. Ich kam auf dasselbe hinaus. Ich stand in jemandes Schuld wie in der Kreide (Riss und Würm). Ich, vorwitzig, hatte mich selbst belehnt, wie einen Pfeiler.

Ich erhob mich als Tempel der Vernunft aus dem Kehricht meiner Geburt. Mum hatte mich ja schließlich aus Rotz und Wasser geknetet. Ich drohte in einem Meer aus Herkunft zu versinken. Rotz lief aus allen Kanälen der Überlieferung. Ich las ihn auf, denn ich musste spuren. Mein Sinnen und Trachten wurde modaler. Ich lief Tonleitern hoch, obwohl sie nirgendwohin führten. Es machte mir regelrecht Spaß, jede einzelne Spross' wie einen Ableger zu behandeln. Ich schlüpfte in den großen Apfel hinein. Dabei war er mir bloß vor die Füße gerollt, wie um von mir betreten zu werden. Seine Backen? Rot wie die Wangen der Weißen. Ihre Pigmente vertrugen sich nicht mit der Heiß-Spielweise. Die Soße eines zertretenen Insekts lief aus der Sonne, aber eher wie Musik aus einer Spieldose. Ich bog, ob allein, ob in unvermeidlicher Begleitung, um Ecken, hinter denen ich mein eigenes Herkommen vermutete. Mit meinen Fingern sollte es schon klappen. Ich stürzte Hals über Kopf in den Süden, nur um herkunftsnäher zu parken. Im Park zu sein, wo die Trompetensträucher, meine Lehrmeister, ihre Räder schlugen. Jemand wie ich wurde in kleinste Umstände hineingeboren. Vor den Schalen der Pekannuss waren Ameisen vorgespannt. Der Mister Referent war ein Grashüpfer! Da ich keine Einfühlung besaß, die mir allein gehört hätte, mussten seine Fühler dran glauben. Jemand wie ich wurde beinahe häufiger geschlagen als der mir zugrunde liegende Hund. Ich gehörte zu den ersten Pflückern. Jedoch zog ich die wollenen Hemden, anstatt sie zu flicken, lieber durch den Kakao. Ich zog ihnen den Faden. Ich stand vor den Baumwollpflanzungen, wie Gott sie geschaffen hatte; die Kätzchen flüchteten eines nach dem anderen zurück an den Stock. Halter, die sonst sinnlos brüllten, damit sich die Fingerchen krümmten, beherbergten jetzt still parapluies. Oder sie schlossen ihre Begriffe um Kerzen, wie um deren Wachstum zu begründen. Selbst ich stand ja nur im Begriff. An den Hinterbacken der Grauhund-Busse. So sehr hätte ich das Nachsehen gehabt. Meine Tröte stramm nach hinten gerichtet. Den Hörern flogen Monoxide, natürlich mono, um die Ohren. Die Landstraße stellte die Lauscher auf. Alle kamen wie gerufen, oder sie widerriefen hinterher.

Gestatten, mein Name ist Meilen lang. Doch von weitem bin ich vom Stamme Davids. Ich lag in einem Korb, im Schilfgürtel des Mississippi. Jemand erklärte, ich sei Quäker. Doch dürfte mich eine Prinzessin Schwarzafrikas vor der Zeit entbunden haben, vor allem auch von allen Pflichten. Das viele Schilf verlieh mir natürlich Auftrieb, aber das war natürlich eine Binse. Ich wurde von Schwingen empfangen, den begreiflichen Armen des Schwings. Amerikas Wappentier kreiste über mir und meinem Warenkorb, und ich geriet mir mit dem Schilf in die Haare. Ich war Wild geworden. Den begreiflichen Armen wurde ich zum Vorbild, die Zeit war auf meiner Seite, sie ging in Form eines roten Feuerballs hinter den blauen Hügeln Zentralafrikas auf, ein Sonnenwagen mit Haifischflossen, der über die Prärie des Atlantiks rollte, ein Katzenauge, das sich an den Klippen Louisianas brach. Auch ich wurde zu den Katzen gezählt. Mein Flechtkorb schwamm um den heißen Brei herum. Ich wurde von der Sonne gerädert, und so sehnte ich mich, indem ich die Arme vorstreckte; ich bat um die Entgegennahme durch Arme, die offen genug gewesen wären für mein Getröte, das sich behutsam vom Ölfilm abhob, der an der Kleidung der Sümpfe herumzog. Ich starrte vor, und ich starrte vor Alpaka – es bildete Anzüglichkeiten. Noch aber gab ich der Welt einen Korb. Ich stampfte wie der Kolben im Bauch eines Rumpfes, so lange, bis der Mississippi Butter geworden war, sodass die Dampfer wie Ziegel herumschwammen, ohne unterzugehen.

Wer aber sollte mich ausfindig machen im Schmetterlingsauge des Ölfilms? Ich ruhte blassblau im Körbchen. Ich schützte ein Wasserbaby vor, und ich schützte es vor Niederkommen, wie man das Ertrinken auch nannte. Hätte mein Dad Verdacht geschöpft, ihm wäre ein Korb – mein geflochtener – freilich nicht erspart geblieben. So hatte er mich zu opfern versucht. Ein Flüsterer war ihm in den Ohren gelegen. Er spülte wohl gerade einem Mündigen die Höhle aus, als ihn die Anweisung erreichte. Er wollte bei mir einen Stich machen, so dachte ich wenigstens, und entblößte Zähne, die ich noch gar nicht vorzuweisen hatte. Der Flechtkorb kam in den Genuss einer Mundspülung. Dabei ging ihm das Wasser durch die Binsen. Wenn nur ich – eine Kleinigkeit – recht hübsch im Körbchen lag. Ich wäre angeschwommen gekommen. Ich warf mich in die Arme von Sturm Kathrina, und alle Dämme brachen. Ich stieß also in Hörner, die Dad sich abgestoßen hatte. Ich gluckste wahrscheinlich vor Vergnügen, während das Wasser, wie eine Uhr, schon wieder ablief. Fruchtig schlugen die Wellen an die Klippe des Verständnisses. Ich krönte sie mit Fetzchen meines unverblümten Speichels.

Mum, die Pharaonin war, nannte sich Stella. Manche kannten Stella bei Sternenlicht. Ich nicht, da ich in der Schleimhaut einer anderen Mutter einnistete. Ich saß ein. Mit Blick auf die

Wand, im Hinblick auf die Geburt. Die Follikel sprangen im Takt der Synkopen. Sie waren alle Schleimer. Am liebsten hätten sie sofort jedes ein Einfamilienhaus mit Garten bezogen. Ich sah sie durch die Türen schwingen, sie gingen bei den Müttern ein und aus. Auch platzten sie wie Erbsen aus den Schoten, d.h. sie warfen die Dächer aus Schleim ab, mit denen ihre Cabriolets gedeckelt waren, und hielten blassen Notenköpfe in den Fahrtwind. Sie waren echte Ebenbilder und traten einander auf die Füße. Jemand hielt die Notenschlüssel zu ihren Häusern verwahrt. Mir langte es, da ich selbst mich nicht gerne in die Länge zog. Ich prallte zurück. Ich schwand dahin wie die Kuh vor dem neuen Tor. Mein Picknickkorb verhieß allen ein gefundenes Fressen. Seltsame Begebenheiten wurden eingeflochten: Ich wäre die erste von nicht weniger als sieben Plagen gewesen; die nach so vielen Verhütungen erst Geborenen lagen abgeschlagen an Schwellen; das lag wieder an den Schwellenländern, die ihrerseits allem offenstanden. Das wurde ihnen, offen gestanden, zu viel. Sie gingen verstärkt in sich.

Von der Nieder- in die Unterkunft war es ein Leichtes, dahinzuschwinden. Ich verduftete gleich einer Fährte. Die Flüsse wurden entbeint, denn ich erreichte ihre Oberläufe. Auf beiden Seiten wurde die Natur Zeuge meines Heimgangs, eines Eingangs bar. Ich geriet ins Hintertreffen, mit allem Vorbehalt. Ich stand so knapp bevor. Ich schaufelte mein Grab. Ich war baff. Ich kniff. Er soff. Ich verschwand mit allem, was dazugehört. Wenn nötig, erleichterte ich mich. Ich schnitt nicht schlecht ab. Und das alles, um mich zu verdünnisieren. Ich trat über die Ufer, bloß um diesen langweiligen Hauptstrom hinter mir zu lassen, der aus den Empfangsgeräten sickerte. Ich buchtete wohl an beiden Enden, denn ich sah mich anwachsen. Ich schob mich wohl wie der Kolben aus der Schale, doch die beiden Bühnenscheinwerfer kniffen die Augen. Das Meer der Hände blinzelte, das heißt: Es schlug mit Händen paarweise aneinander, oder gegen sich selbst. Es erhob sich wie rote Tinte, die durch Mose' Handzeichen die nachrückende Einsicht wieder aufhob. Ich wurde vom Fleck weg engagiert! Ich trat für etwas ein, was sonst keinen Fuß in die Türe bekommen hätte, etwa meine Geburt, die sonst auch gut ohne mich ausgekommen wäre. Eines Tages wird mein Prinz kommen, hörte ich die Geburtsschwester seufzen. Sie hieß Nefertiti. Ihresgleichen wandte sich mit dem Ausdruck des Ekels ab. Am Boden des Flechtkorbs schwamm, für jedermann gut einsehbar, ein Hurengebräu. Schwamm drüber! Ich war mitsamt meinem Korb in die Binsen gegangen. Ich war schon ein Früchtchen. Pfaue und Truthähne trippelten heran, ihre Kämme schwollen, dabei schlugen sie Räder. Einige schoben wohl auch Kohldampf, andere eine Meldung. Ich geriet ins Schwingen (ich war gespannt wie eine Saite), dabei hing alles von der Nabelschnur ab. Nur durch sie lief die gesamte Überlieferung, die Verkündigung Mariä, als Betty aus der Nachbarschaft vorbeigekommen war –

Ai, den Bauch runden lassen. Hey, Mary, hast du nicht gehört, was der Reverend sonntags gesagt hat? Lass den Heil'gen Geist in dich dringen. Doch du sollst nichts wegstecken, hat er gesagt. –

Betty, was da strampelt, bin nicht ich. Das bin ich nicht! Der Referent steht nur ein für meinesgleichen. Ich presse, und schon bin ich mir wie aus dem Gesicht geschnitten. –

Was wir da hören, Mary, ist die Verkündigung der Angel. Der Haken an der Sache: Du siehst zum Anbeißen aus! Es wird gleich in dich dringen, schon stehst du an der Schwelle. Wäre da nicht ich, die dich umsteht…

Etwas klapperte wie der rauschende Bach. Mein Körbchen strampelte sich ab, bloß um in die Mitte des Flusses zu gelangen. B, a, b, babbelte ich.

Mein Vortrag spülte Mum zurück in ihre Lehmhütte. Dort trug sie, zum wiederholten Erscheinen, eine Schleife nicht nur im Haar. Ich bemerkte Gefährte mit den Quadern der Pyramide. Man räumte uns, die wir hochstapelten, das Recht auf Vorfahren ein. Manche Steine des Anstoßes waren sogar von der Rolle. In ihren Fugen nistete fortan die Kühle.

Kaum auf der Welt, bekam ich nichts als Vorhaltungen zu hören. Riesige Zanken im Gesicht. Das Klappern der Trommeln scholl, und ich lernte, die Felle vom sturen Schlag der Systolen zu unterscheiden. Die Nacht um mich herum: pechschwarz. Jeder Schluck ein Sturz des Wasserglases. Meine Augen glichen Apfelkernen, die im Sirup erloschen; denn ich bildete die Lösung. In mir fiel das Versprechen der Zeit angenehm auf die Vorderfüße. Ich hieß Melisse; ich betrachtete meinesgleichen im Spiegel. Schiebung, brüllten daraufhin die Angehörigen, indem sie sich von mir getäuscht wähnten, zu Unrecht vorgeführt, als ich ein Versprechen abgab, das sie jedoch außen vor ließ. Sie bildeten eine Art Vorlass. Ich selbst wollte erst zu einem sehr viel späteren Zeitpunkt – auch er nicht größer als ein Apfelkern – Nachkommen. Nachkommen nachkommen lassen. Ich schob mich auf, und ich schob mich auf die jeweiligen Umstände. Die Blase hob und senkte sich, je nachdem, ob sie gerade hinters Licht geführt wurde. Ich schob mich auf die lange Bank. Mums Schoß klaffte wie ein Schalter, und ich ließ mich anstandslos beheben. Ich wanderte über die Pudel wie Kerne.

Ich kann von Schlüpfern, wie ich einer geworden war, nur dringend abraten. Bloß nicht. Als ich in die Karnickel-Halle kam, schien das Meer direkt vor meinen Füßen anzulanden. Dem Publikum stand der Geifer vor dem Mund. Den brauchten sie nur voll zu nehmen, schon wusch ich meine Hände in Unschuld. Mein Handesinneres war bleich. Die Marschen wanderten weiter mit den Blasen an meinen Fingern. Sie zogen Flecken von Gras wie Mützen vor mir ab, warfen sie kerzengerade in die Luft und schnappten sie wieder auf. Unter ihrem Rasen erklang mein Name. Ich stand vor mir, und ich stand mir bevor. Einer meiner besten Bläsersätze musste nur noch in der Mitte abbrechen, und ich wäre ihm und in ihm wie der Leibhaftige erschienen. Ich folgte der Strecke meiner Zunge, die sich von anderen absetzte. Ich füllte die Bläschen meiner Lunge vorsorglich mit Luft, die anderswo bereits abgestanden war, wie Druck aus der Zeitung vom Vortag.

Ich pflückte noch rasch ein paar Quinten vom Baume der Erkenntnis. Ich erhob mein Horn, schon teilte sich das Rote Meer aus lauter lauten Ampeln. Das lobte ich mir. Ich gestand jedem, der sie hören wollte, meine lauteren Absichten. Ich hatte gezählte sieben Plagen, doch vielleicht waren es noch mehr, wer weiß. Zwischen jeder von ihnen lag eine Blaupause. In den Tiefen des Roten Meeres entdeckte ich Wurmfortsätze und andere Kindeskinder. So brütete ich über das Zustandekommen von Wassersäuglingen nach. Sie teilten Zellen miteinander, oder trennten sich voneinander ab. Die Kerne im Inneren waren manchmal wie versteinert. Die Wächter standen mit zitternden Membranen vor ihren Hälftigen (oder Häftlingen). Sie strichen Gaumensegel signalrot. Es war wie im großen Apfel: In ihm fanden sich jede Menge Anstreichungen. Da erblickte ich Betty, und sie loderte wie ein brennender Dornbusch (auch ihr Busch interessierte mich brennend). Ich war sofort entflammt.
Blaulichter gingen um wie die Hälften ausgekratzter Avocados. Ich glaubte nicht recht daran, aber der Geist heiligt die Büsche.

Einige besonders Findige versuchten, das Goldene Kalb dazu zu bewegen, seine Milch abzuwerfen. Redlich war es, weil es für etwas einstand, was nicht unbedingt von vornherein in seiner Wuchsform beschlossen lag. Also: Chicago ging aus New Orlèans hervor, aber eher so wie das Innenfutter aus der Hauptmahlzeit. Die Finger lösten sich Hörnchen für Hörnchen aus dem Inneren des Handschuhs. Fäustlinge knallten auf Tischplatten. Diese litten unter den immer häufigeren Umdrehungen, bis sie in tausend Splitter zerbrachen. Rotes Vinyl stieg zu beiden Seiten des Mainstream empor. Wir folgten unverzagt der Klangspur, die vorgezeichnet vor uns lag. Die Jüngsten von uns bekamen Mundstücke verpasst. Wir nannten das Ganze die „Jerry-Show". Der Zutritt zu ihr wäre auf jeden Fall sündhaft gewesen, oder wenigstens sündhaft teuer. Unsereiner musste einfach hingehen. Ich lots' Frauen. Oft herrschte ein gewagter Ton; dann liefen die Abhänger rot an, und die Brauen schäumten. Mein Zeuger wollte mich morsen lehren. Aber noch lag ich, husch-husch, im Körbchen und trieb an allerlei Sumpfblüten vorüber. Andere entsprossen langen Stilen. Ihr alle kanntet den Braunen; daneben gab es noch den Fetzen, Bobbie Hackbrett, die Katze aus Säckingen und den Schmurgelkater Ludwig. Seine Laternen funkelten die Wasserwege des Hüttensohns noch bis tief in die Nacht hinunter – der ja auch ich war, in meiner Flechtware babbelnd und boppend. Ich briet mir den Storch, der mich gebracht hatte. Noch häufiger aber briet ich bei der einen oder anderen, die mit kleinen Schmachtfetzen nach mir warf. Ich lag im Korb, aber mein Herz war auf dem Präsentierteller. Man brauchte die Platte bloß noch umzudrehen. War sie hingegen angezogen, knisterte sie. Mit jeder Umdrehung wurde der Flechtkorb enger. Etwas wirbelte durch den Ausguss meines Trichters. Schall brach sich, aber nicht den Hals. Über mich zerbrachen sich höchstens die Obertöne den Kopf. Ich stand Kopf, aber da hätte genauso gut Miles stehen können, oder Huckleberry, oder Fin de partie. Ich zog mir den Unmut zu wie einen besonders blickdichten Vorhang. Ich tat kaum einen Spalt auf, aber das lag an der mütterlichen Seite. Ich rundete die Weichheit meiner Töne nach oben ab.

Der Nil briet sich mit meinem Körbchen ein Spiegelei. Bei Anstieg des Spiegels wäre ich sofort eingetrichtert worden. So lag er unbeschlagen unter mir. Er trug sich mit keiner Absicht und war folglich auch ohne Behuf. Ich wurde schon geschaukelt. Eine Mum, die der meinen bestimmt nicht aufs Haar glich, weil sie sich nicht kräuselte, hob mich von meinen Vorgängern ab. Die dämmerten im Wurstkessel ihrem Schöpfer entgegen. Der lag ja auf der Hand und wog bestimmt so schwer wie ich mitsamt meinem Korb. Anstatt einer Decke hatte man mir eine einfache Harmonie untergebreitet. Ich segelte wie auf Daunen in die nächste Kadenz.

Die Sonne Ägyptens hatte Kreide gefressen. Sie stand über mir wie der Titel meiner Schau (ich war nur noch nicht halb so ausgegoren wie sie). Sie stach mit dem Stachel des Skorpions in meine beiden Grübchen. Ich bemerkte sofort, wie mir die Luft ausging, die ich mir vorher vom Munde abgespart hatte. Ich hatte jetzt genug zum Herauspressen. Der Wind stellte im Nu ein Segelohr her. Jedes einzelne Schilfrohr richtete sich auf. Man bemerkte mein Auftauchen, und ich wurde für einen lydischen Prinzen gehalten. (Zufolge einer anderen Überlieferung steckte ich bis zum Hals im Nichtsein. Mein Kopf berührte den Schaum wie ein Einfaltspinsel, und ich besang den Schatten einer Frau, die ich zurückgelassen hatte.) Meine Röhrenknochen sangen. Ich schob meine Vorläufigkeit auf andere, die ein Wasser machten. Ich schob mich der Sonne unter. Sie saß im Zenit, und Heißsporne beteten sie an. Sporn, streich's. Also: Ihr Heißen bot sie an. Sie spuckte Pech und Schwefel. Ich schwieg und saß

– ein Fleig – an der Wand. Ich und mein Korb bildeten ein Kaka-Duo, indem wir uns abwechselten und einander hochschaukelten. Väter, die wir nicht kannten, opferten uns, indem sie uns aufsparten. Jemand wie Gott schien verreist, obwohl er doch nur einen brennenden Dornbusch bildete. Auch der war Feuer und Flamme für mich! Ich sog mir sofort irgendwelche Dornen aus dem Finger. Ich warf Signale an eine Wand aus rotem Wasser. An ihr lief die Zeit spurlos ab. Die Spucke des Meeres kroch zurück in die Wangentaschen. Die Streitwagen schaukelten, sooft ich mit Betty aneinander geriet; es hieß, wir würden das Kind schon schaukeln, oder wir ließen Federn, die sonst sprangen, nur um uns von uns abzuheben.

Es stellte sich prompt heraus, dass sie keines Pharaos Tochter war, noch irgendeines Farmers. Sie bildete auf dem Asphalt eine Wand, aber aus rotem Lackleder. Von dort aus bezirzte sie griechischstämmige Fernfahrer. Manche verwandelten sich unter ihrem Zugriff in regelrechte Schweine. Selbst Einäugige kamen aus dem Staunen nicht heraus. Die Ampel schloss abrupt ihr rot entzündetes Auge. Und siehe, der Stau löste sich im Handumdrehen. Die Streitwagen fuhren an, ganz gleich, ob denjenigen, welchen. Sie löschten das Standgas wie einen Eintrag im Buch des Lebens, der besonders flüchtig erschien. Die Streitrösser stampften, es war zum Wiehern. Einige kippten – pfui Deichsel – oder schoben es auf andere, jedenfalls machten sie sich aus dem Staub, der zu ihren Füßen gelegen war. Wir Schwarzen waren flüchtig wie die Moleküle. Polizisten entstiegen Mannschafts- und Männlichkeitsbussen, die um uns anhielten. Einige vereinigten sich tatsächlich mit ihnen. Die Wagen, die gewinnen. Die Schnauzen der Stäbe fuhren aus den Futteralen, ihren Futtertaschen, sie schnauzten meine Vorfahren an und tanzten leichtfüßig über die Abhänge ihrer krummen Rücken. Die Kühle wurde ihnen eingebläut.

Sieben Plagen kamen über mich, eine hinter der anderen. Sie waren voller Rohkraft und auf Zerstörung aus – als hätte jede sich durch sich selbst gemästet. So schrak jedes Übel aus dem Fieber der Entzündung hoch und stand seinerseits im Feuer. Sie trugen die Zitate an den Gänsefüßen voran aus den Hütten. Die Wörter lagen Pharao wie modrige Pilze auf der Zunge. Er hieß darob Pharoa (aber der gehorchte nicht). Und bald darauf stand Atlanta, seine Königsstadt, in Flammen. Und wieder waren die Rippen aus trocken' Holz nur Dornbusch – die Posaunen machten tüchtig Zugwind („Tara") – und die Kutschen rasselten und husteten gelben Schleim hoch – die Tuben drücken allgemeine Verwünschung aus; und Pharoa sprach einige Flüche durch sein Horn, Satchmo quakte daraufhin wie ein ganzes Meer von Fröschen („qua qua"), er teilte sich zu beiden Seiten, in den Chicago-Stil und in den Dixieland. Wurzeln und Äste behinderten mein Volk, und ein einziger Frosch fiel aus allen Wolken gleichzeitig. Und wieder verschwand ich vierzig Tage in der Wüste. Und meine Kehle erlosch; sie war korrupt, und ich musste sie schmieren. Kaum war ich zurück, sah ich unzählige Blumenkinder. Sie gingen untergehakt; am Leibe nichts als Klangfetzen, die sie obendrein in Streifen geschnitten hatten. Es hätte eines Pro-Fetzen bedurft, mit geschwollenem Taft. Die fremden Federn hingen mir von Stirne und Vorderkopf, und ich verbrannte mir die Zunge, so oft ich sie in Angelegenheiten steckte.

Auf jedem Hohlweg, in jedem Hohlweh andere Vorfahren. Selbst die Luft ist schon geschwängert, viele haben den Samen des Benzins in sie hineingelegt. Bremsen umtanzen einen, dabei quietschen sie wie Welpen. Der Weg kommt recht großspurig daher, erst später verengt er sich zur Karriereleiter. Der aufrechte Gang? Flacht allmählich ab. Die Grundfrequenz geht über in ein gelegentliches Vorkommen: blauer Vater; Mutter im Veilchenfarbenen; Blässe in den Handflächen, Frucht unzähliger

Schrubbereien. Auswurf aus Blechnasen, sobald Opa Satchmo genügend Dixie in den Nebenhöhlen zusammengesammelt hat. Hochkochen des Schmodders. Vergelte es der unsichtbare Gott der Gospelkirchen! Miles Moses auf der väterlichen Kriechspur. Die Hände der Bettler sind aufhältig. Die Märchen der Ammen knarren in den Gehörgängen. Ich stutze, um das Schilf kleinzukriegen. Meine Körbchengröße schwillt mit jedem Schwimmzug an. Jemand wie ein Ausrufer bietet Atemlose an. Durch das Röhricht brechen Keiler, ich finde mich als Schwemmgut wieder in der erstbesten Straßenzeile: Haus und Hund, Herr und Knecht, Wimper und Schlag. Die Zäune hier sind aus weißem Schmelz. Meine erstgeborene Plage? War die Mundfäule. Mein Vater, der Pharao, begab sich höchstselbst an die Quellen des Nils; er war kaum niedergesunken auf die Knie, als ihm Stutzer begegneten, Kolben wie von Mais an den Schultern. Andere schöpften Donald Vogel aus dem A und O des Deltas, schlugen den Kescher in die sanfte Dünung – einer war der Kescher, die anderen drückten ab, und ich geriet völlig aus der Fassung, sobald sie nach mir die Falle stellten, wie eine stehengebliebene Uhr.

Die Busse schüttelten ihre Mähnen aus. Ich erkannte Bill Evans wieder, den Tastentiger in der Russell-Bande. Das Haar saß ihm schlecht, und er schlug Bügel vor, bloß um nicht sehen zu müssen. Horn und Schildpatt hießen die beiden Nachbarn. Er stand auf niemanden an. Da traf es sich günstig, und ich setzte ihn auf vollere Bezüge, damit er die Bügelfalten hervorkehren konnte. Mit vollem Fingersatz ist gut stinken. Auch ich stand ja schließlich im Geruch. Wir rissen uns abwechselnd am Riemen, aber er schnallte nicht, was jemand hochkochte. Mein Kühler! Er stand fröstelnd in den mittleren Westen und plante einen Anschlag. Sein Spiel war ein Flüsterwitz, das kahle Haupt ein gut gehütetes Geheimnis. Bill ertastete die Wahrheit, sobald er am Drücker war. Er kam auf Stellen, und zwar die Lauscher. Mein Bill wurde immer besser, wie altes Weinen; dabei hätte ich nicht in seiner Haut stecken wollen, sie war heller Wert. Frauen in teuren Schmachtfetzen rührten kein Ohrläppchen, sobald er den Deckel hob. Er brachte ihn über sich, und doch fror Bill, dieser töpferne Schneider, nach Noten.

Ich war blau. Jetzt war es an ihm, sich etwas aus dem Finger seiner Nadel zu saugen.

7/2015 – 12/2016

Weiters im Ritter Verlag erschienen:

POUND IN PISA. DIE BADEKÜSSER (2012)
ISBN: 978-3-85415-489-1

Die Akte des Vogelsangs. Gedichte (2014)
ISBN: 978-3-85415-516-4

www.ritterbooks.com

BUNDESKANZLERAMT ÖSTERREICH   LAND KÄRNTEN
KUNST   Kultur